大統領から読むアメリカ史

簑原俊洋

第三文明社

プロローグ

理念の共和国アメリカの多様性を感じられる一書を目指して

「永遠の共和国」の実験

二〇一六年十一月八日――第五十八回を刻むアメリカ大統領選挙一般有権者投開票が行われ、ドナルド・トランプの当選が確実となりました。「不動産王」を自称し、政治を商売道具と見なして憚《はばか》らない異様な人物が、世界一の超大国の大統領となったのです。

アメリカ史に前例なき大統領の登場は、アメリカ社会のみならず、国際社会にも、大きな不安と恐慌をもたらしました。実際、彼がアメリカに与えた傷は極めて深刻で、社会に分断と対立を生じさせたのです。

こうした未曽有《みぞう》の危機に憂慮《ゆうりょ》した私は、アメリカ史を専門とする学者として、トランプ政治を検証し、教訓を後世に留《とど》める必要があると即座に思いました。その結果、トランプ政治の逸脱性《いつだつせい》を如実《にょじつ》に示すためには、建国以来のアメリカの歩みがいかなるものであったかを究明する必要があるとの結論に至りました。

すなわち、より正確に「現在」（現実）を把握するために、まず「過去」を的確に認識し、その作業を通じて「未来」に光を照らす――こうした作業を経《へ》て初めて、トランプという新たな現実を理解できると考えたのです。

折しも、第三文明社から連絡があり、この趣旨にかなう連載の提案を受けました。こうして約六年間にも及ぶ月刊誌『第三文明』での連載「分断が深まる超大国の行方――アメリカ史の文脈からとらえるトランプ政治」が開始されたのです。

幸いにも、連載は読者の好評に支えられ、本編のみで五十八回を数えました。連載の中で特に伝えたかったのは、「実験国家アメリカが希求する『理想』を、一人でも多くの日本人読者に知ってほしい」という願いでした。

アメリカという国家の原点にあるのは、イングランド国教会の迫害を逃れ、米大陸北東部へと渡ったピューリタン（キリスト教清教徒）たちです。彼ら以外にも、理想郷を求めてフランス、ドイツ、北欧から多くのヨーロッパ人が大西洋を渡り、これによってアメリカは移民国家として誕生したのです。もちろんこの中には、自分の意思に反して強制連行されたアフリカの奴隷《どれい》も数多く含まれていました。

　こうしてアメリカの建国に携《たずさ》わったエリートたちは、「神がアメリカを『ハイツ』（丘の上の町）に選び、自分たちに、世界の前例（模範）となるよう望んだ」と確信していました。すなわち、古代の共和制ローマを凌駕《りょうが》する「永遠の共和国」建設の実験が始まったと考えました。

　こうした理念があったからこそ、ファウンディング・ファーザーズ（建国の父）はイギリスからアメリカを独立へ導くことに成功したのです。自由がアメリカの「国是《こくぜ》」となり、また、アメリカ特有の政治・経済・文化等の諸制度の礎《いしずえ》にもなっている重要な概念でもあります。

　たとえば十九世紀フランスの官僚であったアレクシ・ド・トクヴィルは、一八三一年に訪米し、約一年に及ぶ見聞を「アメリカ例外主義」の語彙《ごい》で言い表しています。この総括は、のちに古典的名著の『アメリカのデモクラシー』（一八三五年）にまとめられ、日本では福澤諭吉が紹介するなど、世界中で読み継がれ続けています。

漸進の歩みを続けるからこそ

　さて、このたびの連載の書籍化の中で予期していなかったのは、トランプによって大きく毀《き》損《そん》を余儀《よぎ》なくされたアメリカの民主主義に、復活につながる一筋の希望が見えてくるようになったことです。

一般論として、アメリカは若き大国だと見なされています。建国二百四十六年の〝歴史浅き国〟だと見なす人もいます。それでもアメリカは、連続して現存する「民主主義国家」としては、世界最長の歴史と最大の勢威《せいい》を保ち続けているのです。

それが保てるのも、先人らが、数多《あまた》押し寄せる困難に屈せず、ともに手を携えて危機に立ち向かい、乗り越えていったためです。

思えばアメリカは、建国以来「国家的危機」の連続でした。イギリス帝国を相手に独立戦争を闘い抜き、さらには一八一二年にまたイギリスと一戦を交えるなど、草創期は危機の連続でした。二十世紀に入ると二つの世界大戦に勝利し、イギリスを抜いてトップに立ちます。ここまでの道のりは決して容易《たやす》いものではなかったものの、アメリカはついに自らを中心とするパクス（平和）の構築に成功したのです。

この間、対外問題のみならず、国内も絶えず多くの難しい問題に直面していました。アイルランドからの移民、黒人奴隷、ネイティブ・アメリカン、南東欧からの新移民、アジア人排斥《はいせき》ほか、マイノリティ（社会的少数派）と呼ばれる人々をどう社会的に包摂《ほうせつ》し、共生してゆくか、無数の紆余曲折《うよきょくせつ》と試行錯誤を繰り返しながら、その都度課題を「克服」していったのです。

率直に述べれば、その克服する過程でスマートさは著《いちじる》しく欠けていました。当事者感情を踏まえれば、「失敗」した要素も多く、完全な解決でもない、「妥協《だきょう》」を強《し》いられたこともしばしばありました。

たとえば日系人に対しては、一九四一年の日米開戦（太平洋戦争）を機に、日系アメリカ人に対する深刻な人権侵害が起きています。曽祖父《そうそふ》の代に移住したわが家も、親戚が西部ユタ州トパーズの強制収容所に送られた苦難の記憶を持っています。当事者の救済や名誉回復には長い時間を要しました。

それでもなおアメリカの民主主義が信頼に値するのは、膨大な失敗を常に内省《ないせい》しながら、漸《ぜん》進《しん》の歩みを止めない点です。この歴然たる事実を、トランプ政治検証の連載を通じ、改めて確認できたのは僥倖《ぎょうこう》でした。

もちろん、現在のアメリカ社会を見やれば、トランプ政治の悪弊《あくへい》をいまだ脱却できておらず、むしろ悪弊の歪《ひず》みがそこかしこに広がっていると考えることもできます。それゆえ、短期的にはペシミズム（悲観主義）の立場を取らざるをえないのです。しかし、アメリカが辿《たど》ってきた道を振り返れば、中長期的にはオプティミズム（楽観主義）の姿勢に転じることができます。それは、アメリカの歴史、つまり建国の理想を追い求め、挫折《ざせつ》もある中で常にあきらめずに「正しきこと」を追求する努力を怠《おこた》らなかった先人の軌跡を信じるからです。

そして、アメリカの歴史を知るうえでは、国家の形成と成長に大きな刻印を残した歴代大統領ほど適した教材はないと考えます。それぞれの大統領からは、彼らが選ばれた時代・社会背景や、世論の空気を察することができます。また時代を経ると、参政権が次第に拡大され、より多くの有権者が大統領選のステークホルダーになったことで、国家の大統領から国民の大統領へと変遷し、また大統領自身も国民の声により敏感になっていくプロセスも理解することができます。

本書執筆に際しては、「一〇〇万通りのアメリカ」の多様性を感じられる一書を目指しました。一部の既存メディアが状況に応じて切り取るような均一的で一面的な共和国ではなく、まるで世界の縮図かのようにあらゆるものを内包するアメリカとして重層的に理解できるよう努めました。本書が多様性に富むアメリカ理解の一助となれれば、望外の幸せです。

著　者

『大統領から読むアメリカ史』目次

プロローグ　理念の共和国アメリカの多様性を感じられる一書を目指して……1

第1章　アメリカ建国期

参考地図／十三植民地とアメリカ領土と州（一七八九年）……16

1　永遠なるアメリカを希求した
ジョージ・ワシントン……18

2　初代の精神的遺産を継承できなかった
ジョン・アダムズ……24

3　自由と平等の信念でアメリカのフロンティアを切り開いた
トーマス・ジェファソン……30

4　米英戦争の勝利で「真の独立」を果たした
ジェームズ・マディソン……35

5　アメリカを国際政治の舞台上に乗せた
ジェームズ・モンロー……41
◇　アメリカの富国強兵を実現した
アレクサンダー・ハミルトン……47
◇　大統領にならずして建国期を支えた
ジョン・ジェイとベンジャミン・フランクリン……52

第2章　西方への領土拡大期

参考地図／アメリカ領土と州（一八二四年）……60
6　国家の将来性を重んじ、信念を貫いた
ジョン・クインジー・アダムズ……62
7　深化するアメリカの民主主義が生んだ大統領
アンドリュー・ジャクソン……67
8　政党政治の確立に寄与した老練な政治家
マーティン・ヴァン・ビューレン……74
9・10　大衆民主主義時代を駆け抜けた旧世代の
ウィリアム・ハリソンとジョン・タイラー……80

11 太平洋国家アメリカをつくり上げた
ジェームズ・ノックス・ポーク……86
12・13 南北戦争回避に力を尽くした
ザカリー・テイラーとミラード・フィルモア……91
14 南北戦争への導火線に火をつけた
フランクリン・ピアース……97
15 大局を見誤り、国家の分断を招いた
ジェームズ・ブキャナン……102

第3章 南北戦争と西部開拓期

参考地図／アメリカ領土と州（一八六一年、南北戦争時）……110
16 国家を分断の危機から救った類いまれな指導者
エイブラハム・リンカーン……112
17 リンカーンの夢を頓挫させた
アンドリュー・ジョンソン……120
18 よき友人として日本に対等に接した
ユリシーズ・グラント……126

19 前代未聞の妥協によってリコンストラクションを終わらせた
ラザフォード・ヘイズ……132
20・21 猟官制改革に先鞭をつけた
ジェームズ・ガーフィールドとチェスター・アーサー……137
22 公平さを売りに「金ぴか時代」に挑んだ
グロバー・クリーブランド……143
23 「大国意識」が萌芽する時期にアメリカを率いた
ベンジャミン・ハリソン……149
24 連続しない二期を務めた唯一の大統領
グロバー・クリーブランド……154
25 「世界の一等国」アメリカを実現した
ウィリアム・マッキンリー……159

第4章 繁栄と世界大戦期

参考地図／アメリカ領土と州（一九〇七年）……166
26 生涯にわたり庶民の味方であり続けた
セオドア・ルーズベルト……168

27 アメリカ社会の激動期に「緩衝材」の役割を果たした
ウィリアム・タフト……175

28 理想主義を掲げた現実主義者
ウッドロウ・ウィルソン……180

29 時代の要請に応え「平常への復帰」を目指した
ウォレン・ハーディング……185

30 日米対立の火種を防げなかった
カルビン・クーリッジ……190

31 危機への対処を誤り、恐慌を回避できなかった
ハーバート・フーバー……195

32 二つの世界的危機に果敢に立ち向かった
フランクリン・D・ルーズベルト……200

第5章　冷戦期

参考地図／大統領選挙時の州別獲得選挙人分布図（一九四八年、一九八八年）……214

33 戦後の国際秩序を築いた庶民出身の大統領
ハリー・S・トルーマン……216

◇
34 戦後の日本社会に民主主義を確立した
ダグラス・マッカーサー……223
35 現代アメリカを完成させた
ドワイト・D・アイゼンハワー……230
36 ニューフロンティアの大志を抱き「寛容」の種をまき続けた
ジョン・F・ケネディ……237
37 「偉大な社会」の建設に挑戦した
リンドン・B・ジョンソン……244
38 国民の政治不信を深めた
リチャード・ニクソン……251
39 大統領辞職という前代未聞の状況からアメリカを救った
ジェラルド・フォード……258
40 政治の信頼回復を果たせなかった
ジミー・カーター……265
強いアメリカを復活させ、冷戦終焉の道筋をつけた
ロナルド・レーガン……272

第6章　冷戦後

参考地図／大統領選挙時の州別獲得選挙人分布図（一九九二年、二〇二〇年）……282
41　激動期に中道の政治を追求した
ジョージ・H・W・ブッシュ……284
42　経済を再生し、自由主義陣営の拡大にも努めた
ビル・クリントン……291
43　単独行動主義でアメリカの輝きを減じた
ジョージ・ウォーカー・ブッシュ……298
44　「チェンジ」の旗を掲げてアメリカの威信回復に努めた
バラク・オバマ……305
45　民衆の憎悪が生んだ疑似的皇帝
ドナルド・トランプ……312
46　パクス・アメリカーナの未来が託された
ジョー・バイデン……321
エピローグ　フレンド（友人）からブラザー（きょうだい）へ……328

あとがき　334
参考文献一覧　338
アメリカ歴史年表　346
歴代大統領一覧　351

装幀　株式会社藤原デザイン事務所
本文レイアウト・地図　安藤聡

第 *1* 章

アメリカ建国期

イギリスとの係争地
ニューハンプシャー
イギリスとの係争地
バーモント共和国
マサチューセッツ
ニューヨーク
ロードアイランド
コネティカット
ウエスタン
リザーブ
コネティカット
ペンシルベニア
組織化されていない領域
ニュージャージー
デラウェア
バージニア
メリーランド
ノースカロライナ
ジョージア
サウスカロライナ
1789
スペイン領
ウエストフロリダ
スペイン領
イーストフロリダ
スペインとの係争地
ロシア領アラスカ
ハワイ諸島
州
組織化されていない領域
係争地
13 植民地
イギリスの植民地
スペインの植民地

アメリカ領土と州
（1789年）

手付かずの領土
スペイン領
ルイジアナ
ヌエバ・エスパーニャ副王領

1783

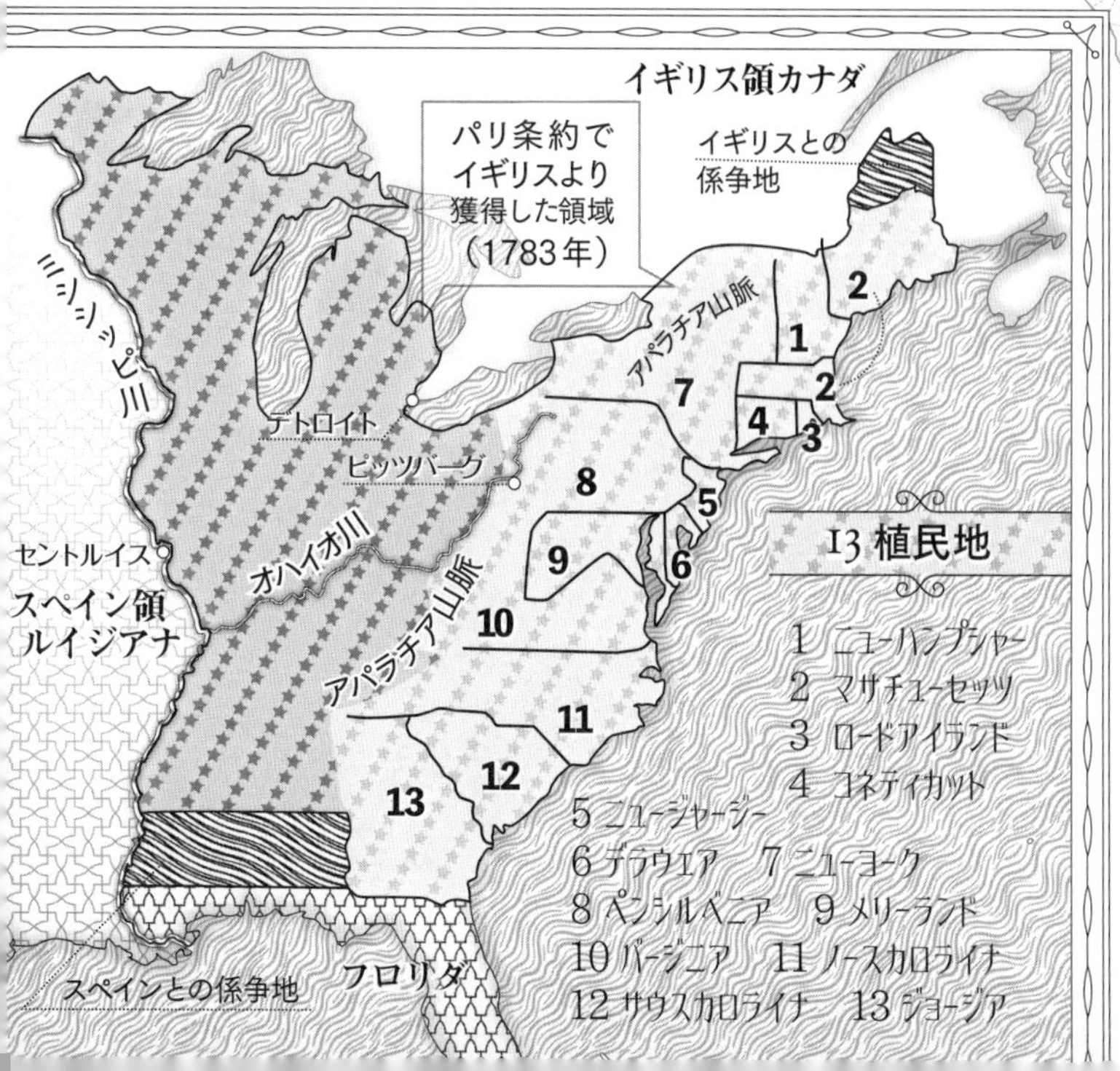
イギリス領カナダ
パリ条約で
イギリスより
獲得した領域
（1783年）
イギリスとの
係争地
ミシシッピ川
アパラチア山脈
デトロイト
ピッツバーグ
オハイオ川
セントルイス
スペイン領
ルイジアナ
アパラチア山脈
1
2
2
3
4
5
6
7
8
9
10
11
12
13
13 植民地
1 ニューハンプシャー
2 マサチューセッツ
3 ロードアイランド
4 コネティカット
5 ニュージャージー
6 デラウェア　7 ニューヨーク
8 ペンシルベニア　9 メリーランド
10 バージニア　11 ノースカロライナ
12 サウスカロライナ　13 ジョージア
スペインとの係争地
フロリダ

1

永遠なるアメリカを希求した ジョージ・ワシントン

王にならなかったリーダー

「アメリカ建国の父」の筆頭に数えられるジョージ・ワシントンは、一七三二年、アメリカ南部に位置する英領バージニア植民地のウェストモアランド郡に生まれました。

イギリスにルーツを辿《たど》る生家は、黒人奴隷《どれい》を所有する中規模農場を営んでいましたが、ワシントンが十一歳のときに父が死去。その後は、異母兄のローレンスが父親代わりになりました。少年時代のワシントンは、父から相続したフェリー・ファームで暮らしながら測量技師の資格を取得します。このことが、南部の地形・地理に精通するきっかけとなりました。

一七五二年に兄が結核を患《わずら》って亡くなると、ワシントンは兄が務めていたバージニア民兵組織の地区隊長職を引き継ぎます。その二年後には、英領アメリカの運命を変えるフレンチ・インディアン戦争（七年戦争）が勃発《ぼっぱつ》。新大陸アメリカでの権益拡大を狙うフランスが、インディアン諸部族と組んで英領植民地を戦渦《せんか》に巻き込みます。その折に、ワシントンは軍人としての経験を評価されてバージニア市民軍大佐に抜擢《ばってき》され、この戦争に身を投じます。

戦争はイギリスの一方的な勝利に終わります。するとイギリスは、膨大な戦費の回収を植民地への重税によって賄《まかな》おうとしました。これが一七七五年にアメリカ独立革命（独立戦争）が起こる一つのきっかけです。十三の植民地（のちの独立十三州）が「大陸会議」を結成し、数少ない指揮官経験者のワシントンを大陸軍総司令官に任命します。

一七八三年、独立革命を勝利へと導いたワシントンは、総司令官を退任。四年後に開かれた制憲会議では議長に推戴《すいたい》され、イギリスという共通の敵を失ってバラバラになりかけていた十三のコロニー（旧植民地）をまとめ、合衆国憲法の成立によって見事に統一国家の〝建国〟を実現させます。そして、周囲の強い勧《すす》めで新国家の初代大統領に就任したのです。

合衆国の建国に際し、一部の人々が王位につくことを強く勧めたものの、ワシントンは「何のためにイギリスから独立したのか」とこれを峻拒《しゅんきょ》し、「プレジデント（大統領）ならば」と新生国家の舵取り役を受諾《じゅだく》します。なお、一期目は無報酬だったため、就任に伴《ともな》って多大な私財を投じることになりましたが、彼はそれでもパブリックサービス（国民への奉仕）として職務を遂行《すいこう》しました。

ここまで大統領就任へと至るワシントンの人生を簡単に振り返ってきましたが、私は、ワシントンの偉大さは、〝王にならなかった〟点にあると考えます。

真に「プレジデンシャル」な指導者

ジョージ・ワシントン（1732〜99）

もともとワシントンの生まれた南部地域は、イギリス国王が貴族らに土地を分け与えるために切り開いた植民地です。そして、土地所有にこだわる封建思想ゆえに、「農場も家族も自分で守る。政府には介入されたくない」と考える人々が多いのです。

一方、北部の植民地は、ピューリタン（清教徒）という一種の宗教難民が中心になって開いた土地です。イングランド国教会の迫害から逃れるため、メイフラワー号に乗って入植してきた彼らは、教育を重んじて真面目に働き、ともに支え合う民主的な社会を目指しました。

南部との違いを表す象徴的な例が、北部では公園のことを「park」（語源は「囲われた土地」の意）と呼ばずに「commons」（共同利用地）と呼んだ点です。つまり、土地は皆で分かち合い、共同で使用するものと考えていたのです。他方、南部における土地は生計を立てていくために必要な、命に等しい財産です。

ワシントンの卓越したところは、南部出身でありながら、北部の人々にも信頼され、このように考えが大きく異なる二つの地域を見事に一つの国家にまとめ上げたことにあります。

では、ワシントンと彼を支えた人々はいかなるアメリカを目指したのか。端的に述べれば、古代の共和政ローマも達成できなかった「永遠なる共和国」の実現です。つまり、民衆が主体者である共和国を永続させようと決意したのです。

その覚悟をアメリカの国章（国の紋章）に見ることができます。一七八二年に採択され、事実上の国章として使われている国璽《こくじ》（グレートシール）には、白頭鷲《はくとうわし》が描かれています。その白頭鷲の頭上に、冠《かんむり》などではなく独立十三州を示す十三個の星が描かれているのは、あくまでも王政を否定し、民衆が主体であることを示しています。

また、両足に十三本の矢と同じ数のオリーブの葉をつかむのは、「戦争」と「平和」のどちらも持ち合わせる国家であることの象徴です。そのうえで白頭鷲の頭がオリーブの葉の方を向いているのは、「まずは平和を優先して考える」との願いが表れています。

　ワシントンの行動で何よりも驚くのは、国家創建の立役者でありながら、慰留《いりゅう》する声を押し切って二期八年で退任し、政界を潔《いさぎよ》く去った点です。引退後は郷里のマウントバーノン（バージニア州）に戻り、農園主として静かに余生を送りました。

　こうした振る舞いは、欧州諸侯に衝撃を与えるとともに、アメリカ国内にも強烈な印象を残しました。彼らは、ワシントンが生涯君臨するのが当然と考えていたからです。しかし、この行為によって「大統領は二期八年で退任する」という伝統が確立しました。

　その後、一九五一年に憲法修正第二十二

アメリカの国章

条が成立し、任期制は法制化されます。任期に制限を設けることで、多選がもたらす権力の腐敗・堕落《だらく》を防ぎ、アメリカが専制主義に傾斜することがないようにしたのです。ちなみに現在のアメリカでは、多くの州や自治体で三期以上を禁じる規定が導入され、一般的になっています。

現実主義者のワシントンは、古代ローマが帝政へと変容し、やがて滅《ほろ》んでいった歴史を常に意識していました。ゆえに民主主義を常に重んじ、さらには自らの振る舞いに礼節や品格を欠かしませんでした。それゆえ特定の政党に肩入れせず、終始、超党派的な立場を堅持しました。

最近アメリカでは、プレジデンシャル（大統領らしさ）という言葉をよく耳にします。その意味では、ワシントンほどプレジデンシャルな指導者は存在しませんし、のちに続く大統領の手本となるだけではなく、「永遠なる国家」アメリカの堅固な礎《いしずえ》を見事に形成しました。

ワシントンが抱《いだ》いた建国の理想は、いまだにアメリカ人のＤＮＡにしっかりと受け継がれていると私は信じています。

2 初代の精神的遺産を継承できなかった
ジョン・アダムズ

アメリカ独立革命で活躍

第二代大統領ジョン・アダムズは、大変真面目な政治家で、奴隷《どれい》を一切保有しない敬虔《けいけん》なクリスチャンでした。出身は、米北東部に位置する英領マサチューセッツ湾植民地（コロニー）で、アメリカ最古の高等教育機関であるハーバード大学を卒業。弁護士を経《へ》て、地元植民地議会の議員となりました。

一七七四年、十三の植民地による大陸会議において、アダムズはマサチューセッツ代表に選出されました。そして、七五年にイギリスとの間でアメリカ独立革命（独立戦争）が勃発《ぼっぱつ》すると、ジョージ・ワシントン（初代大統領）の大陸軍総司令官就任を熱心に後押しするとともに、海軍創設を建議。「アメリカは、いずれ海洋国家になる」との考えから、艦隊の増強に尽力しました。ゆえに、今では「アメリカ海軍の父」とたたえられています。

さらに、アメリカ独立宣言の起草に「五人委員」の一人として携《たずさ》わり、主筆者のトーマス・ジェファソン（第三代大統領）を支えました。その後は外交官として渡欧し、イギリス公使、オランダ大使、フランス大使を歴任。各国政府から支援を取り付ける重要な任務にあたり、欧州列強にアメリカの独立を承認させたのです。また、在オランダ時代は同国政府から巨額の借款《しゃっかん》を取り付け、建国間もないアメリカの財政基盤を支える働きをし、祖国の危機を救っています。

こうした活躍から、アダムズは次第にワシントンの後継者と目《もく》されるようになります。ワシントンが大統領に就任すると、初代副大統領として二期八年にわたり陰《かげ》で政権を支えました。その後、一七九六年の大統領選挙に出馬。複数の候補者によって争われた実質的に初めての大統領選を制したのです。

翌年、大統領に就任したアダムズは、前政権の閣僚をそのまま引き継ぎました。それは、人事に私心が入ってはいけないという彼の生真面目《きまじめ》さの表れであり、猟官制《りょうかんせい》（スポイルズ・システム、選挙の勝利者が自身の支持者を公職任用すること）の明確な否定です。

こうしてワシントン路線の継承に徹したアダムズでしたが、彼に対する忠誠心がない閣僚が多数を占める政権において、強い指導力を発揮できず、能力を生かすことはできませんでした。むろん、偉大な初代ワシントンと華やかな個性光る第三代ジェファソンという両巨人に挟《はさ》まれては、カリスマ性にやや欠けるアダムズの存在感が薄くなるのは致し方ないともいえます。

ジョン・アダムズ（1735～1826）

政争激化で早くも揺れる米国

大統領としてのアダムズを評価するのは、容易ではありません。まず、その最大の功績は、フランスとの「擬似戦争」（宣戦布告なき戦争）においてアメリカ南部の人々が主張する同国との全面戦争を阻止し、外交努力で解決したことです。

当時のアメリカは、過激化するフランス革命に中立の立場を取り、ナポレオンの台頭による英仏対立にも距離を置いていました。その一方でイギリスからの独立以降、同国との関係修復を急ぎ、一七九四年に「ジェイ条約」を調印しました。ところがフランスは、同条約締結を自国への裏切り行為と受け止め、イギリスとの交易を行うアメリカ商船を拿捕《だほ》するようになり、アメリカ経済に深刻な打撃を与えます。

欧州の強国を相手にしては勝ち目がないと判断したアダムズは、連邦議会の反対を押し切ってフランスに特使を派遣。本格的な戦争へ発展する前に、問題を無事に収拾しました。もし、このときアメリカが戦争に踏み切っていたなら、その後の世界史は大きく変わっていたことでしょう。

そのほか司法においては、ジョン・マーシャルを連邦最高裁判所長官に任命しています。この後三十四年以上にわたり最高裁に君臨し続けたマーシャルは、アメリカの国家形成を大きく左右する重大な裁判に次々と判決を下し、それまで曖昧《あいまい》だった司法府の確固たる地位を確立させます。

このような自制と先見の明がある大統領であったにもかかわらず、アダムズには「貴族主義的で、大衆民主主義に懐疑的であった」とか「実は君主制を望み、一部のエリートのみが国政に参与すべきと考えていた」といった批判が向けられます。アダムズは、自分が最も優秀と思うあまり、他人の意見にあまり耳を傾けませんでした。それが周囲に「傲慢《ごうまん》で接しにくい人」と受け止められてしまったのです。

そして、アダムズの評判を最も下げたのが、「外国人・治安諸法」の制定です。一七九九年に制定された同法は、四つの法律※から構成され、アメリカの謳《うた》う自由の精神に著《いちじる》しく反するものでした。当時連邦議会では、北部に支持基盤を持つ「連邦党」と南部の利益を代弁する「民主共和党」が争っていました。そして同法は、支持者に移民の多い民主共和党を牽制《けんせい》するために連邦党が提議し、アダムズ大統領の署名をもって発効したのです。

彼自身はやむを得ず署名したといわれており、同法で起訴された者はわずかです。しかし、結果として「多様性ある社会を有する強靱《きょうじん》な共和国を目指す」との建国理念に背《そむ》いてしまった非は免《まぬか》れません。アダムズは、初代ワシントンが心血を注いだ南北対立の回避に失敗し、その対立の具現化である「政党の台頭」という時代の変化に、うまく対応できなかったのです。

当時、実験国家アメリカは、試行錯誤の真っただ中でした。その運営に失敗したアダムズが、大統領選に敗れると潔《いさぎよ》く身を引き、国家の混乱を阻止して円滑な政権交代を実現させたのは立派でした。

※帰化法……在米外国人の帰化年限を定める
外国人法……アメリカにとって危険と見なされる人物を強制退去させる
敵対外国人法……在米外国人の母国とアメリカが戦争した際、当該人物を拘束または強制退去できる
治安法……悪意ある政府批判の出版物発行を禁じる

3
自由と平等の信念で
アメリカのフロンティアを切り開いた
トーマス・ジェファソン

アメリカ独立宣言の原案を作成

第三代大統領のトーマス・ジェファソンは、バージニア植民地に生まれました。生家は黒人奴《ど》隷《れい》を多く有する裕福な大農園主です。少年時代から大変読書好きで、早くから古代ギリシャ語やラテン語（古代ローマの公用語）を学び、フランス語にも通じていました。

南部最古の大学であるウィリアム・アンド・メアリーに進学後は、数学・科学・建築・文学・哲学・歴史・政治など広範な分野で学問を修め、優秀な成績で卒業。その後、弁護士として職を得たものの、直後に地元選出の植民地議会議員に推され、独立戦争に参加します。

そして、一七七六年に三十三歳の若さで「アメリカ独立宣言」起草者の大任を果たします。「すべての人間は生まれながらにして平等であり……」と謳《うた》う宣言には、アメリカが建国以来尊び続ける自由と平等と民主主義の精神がみなぎっています。こうしたジョン・ロック（十七世紀の著名な政治思想家）の思想を独立精神に深く注ぎ込んだのがジェファソンでした。

彼は、その後も政界で多岐にわたって活躍し、さまざまな経験を重ねていきます。一七八五年には駐仏公使、九〇年にはジョージ・ワシントン（初代大統領）のもとで初代国務長官の大役を務め、揺籃《ようらん》期のアメリカの外交政策を牽引《けんいん》しました。

一方このころから、国の財政のあり方をめぐって、積極財政を志向するフェデラリスト（連邦党）と対立し、彼らに対抗すべくリパブリカンズ（民主共和党）を結成。一七九六年の大統領選挙では、第二代の座をジョン・アダムズと争うことになります。この選挙では惜しくも敗れましたが、憲法の規定によって副大統領に就任します。当時は、政党の出現とそれによって生じる対立を予見し得なかったため、国家観や政策が異なる者同士が同じ政権への参加を余儀《よぎ》なくされたのです。

そしてジェファソンは、四年後の大統領選へ再び出馬。今度は現職のアダムズに見事勝利し、第三代大統領に就任します。これによって、アメリカ史上初めて政党が入れ替わる格好での政権交代が成し遂げられ、正真正銘の「政党政権」が誕生したのです。

大統領時代の実績として筆頭に挙がるのは、一八〇三年の「仏領ルイジアナ買収」です。英仏戦争で戦費を欲していたフランスのナポレオンから、ミシシッピ川西側よりロッキー山脈へ至る地域（現在の十五州分に相当）を当時の国家予算の一年半分に相当する千五百万ドルで購入。これによりアメリカはフロンティアを手に入れ、その後のアイデンティティーを形成する「西部開拓時代」の幕開けとなります。この新たな領土を開拓する過程で産業は勃興《ぼっこう》し、道路や運河が一挙に整備されていきます。

次いで、アメリカ初の対外戦争「第一次バーバリ戦争」に踏み切り、勝利したことが挙げられます。当時、地中海に面する北アフリカ地域を荒らしていたバルバリア海賊が、通行料と称する上納金を米商船に要求していました。

ジェファソンは「この悪習は国家の主権と名誉にかかわる」と考え、創設間もない米海軍を

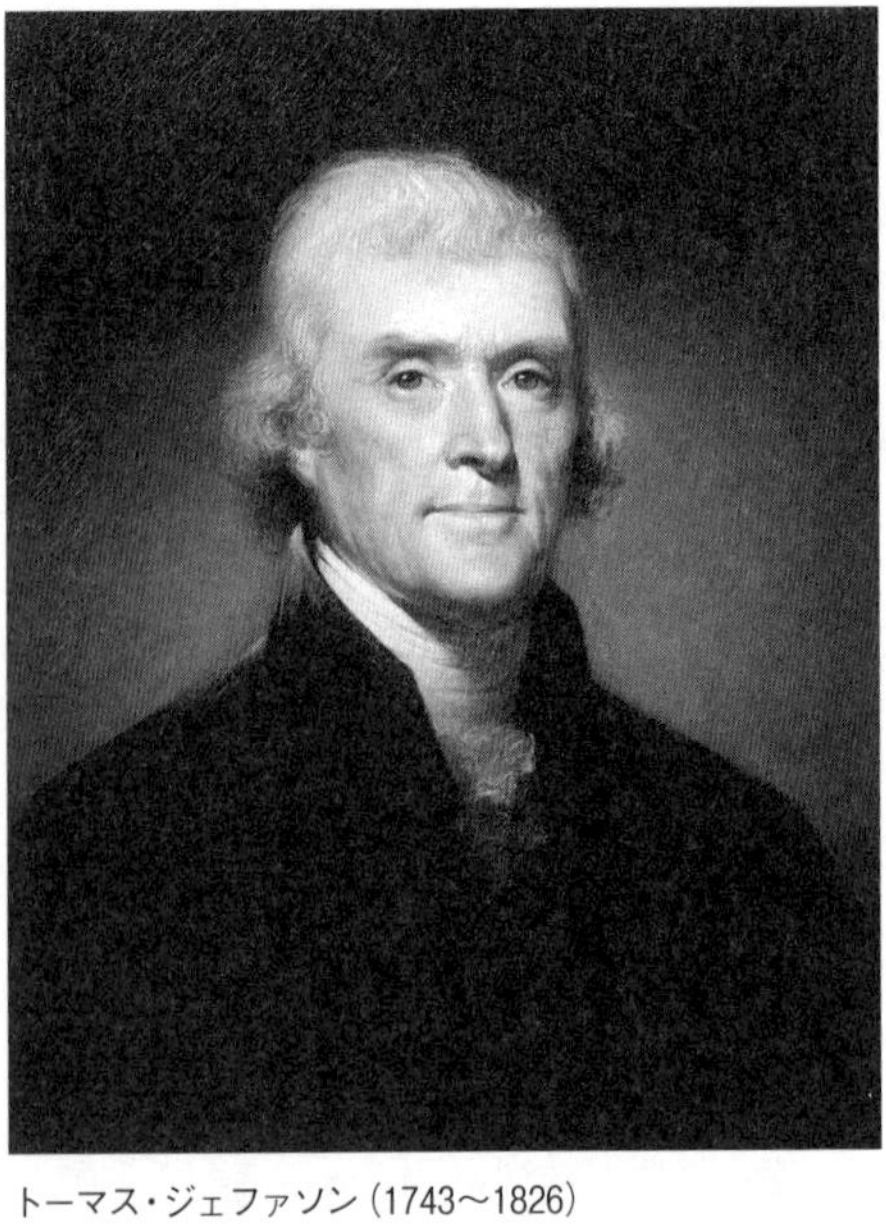

トーマス・ジェファソン（1743〜1826）

派遣してこれを鎮圧、国家の威信を一気に高めます。この戦争は、国家同士の直接対決ではなかったため、よく「忘れられた戦争」と呼ばれます。とはいえ、アメリカの尊厳を守り、海洋国家としての地歩を固めたという意味で極めて重要な転換点でした。

自己矛盾を超越した指導者

ジェファソンといえば、各州の独立性を重んじる州権主義者の代表格です。その彼が、行政府の独断によって領土の拡張に踏み切るといったフェデラリスト的な行動を取ったことに、違和感を覚える方もいらっしゃるかもしれません。

実際、ジェファソンは多くの自己矛盾をはらむ人物です。自由と平等の価値を何よりも重んじ、奴隷貿易を禁じる法案に署名しつつ、自ら所有していた黒人奴隷をほとんど解放しませんでしたし、ルイジアナ地方にいたインディアンの強制移住政策も断行しました。こうした人物が今日でも高く評価される理由は、彼が人間的魅力に富み、かつ指導者として優れた資質を有し、〝アメリカを偉大にするためには何が必要か〟との未来志向の明白なビジョンを抱《いだ》いていたからです。

万事に庶民的なジェファソンは、権威付けのための儀典を嫌い、誰に対しても対等に接しました。また、党の政策を支持する者を積極的に公職に抜擢《ばってき》しましたが、その登用は適材適所で、出自に関係なく能力ある人材が採用されました。

ジェファソンが優れたリーダーシップを発揮できたのは、万般の学問によって科学的な合理主義を身につけるとともに、常にアメリカの行く末を見通しながら決断・行動したからです。彼は、古代ローマが共和政から帝政へと変容し、崩壊していった過程を知悉《ちしつ》していたのです。それゆえ、一つの組織や指導者に権力が集中することによって、偉大なローマが腐敗・堕落《だらく》していくさまを歴史の教訓としていました。その結果、中央集権的な国家よりも、権力がより分散された州権主義がアメリカに望ましいと考えたのです。

「民主主義は権力の自己抑制にこそある」と考えたジェファソンは、初代ワシントンと同様に、三選を望めましたがあえて避けました。権力の自己抑制なき多選の弊害《へいがい》が、民主主義を劣化させるとわかっていたからです。名著『自由の歴史』(一八七七年)で知られるイギリスの歴史家ジョン・アクトン卿は「Power tends to corrupt and absolute power corrupts absolutely.」(権力は腐敗する傾向にあるが、絶対的権力は絶対に腐敗する)との格言を残していますが、ジェファソンはそのはるか前から、権力の危険性に気づいていたのです。

こうしたジェファソンの考えを礎《いしずえ》としつつ、広大なフロンティアを手に入れたアメリカは、「西進」という壮大なスケールの国家建設プロジェクトに邁進《まいしん》していきます。

4 米英戦争の勝利で「真の独立」を果たしたジェームズ・マディソン

アメリカ合衆国憲法の父

第四代大統領のジェームズ・マディソンは、前任者トーマス・ジェファソンの理念を継承し、国家の発展に貢献した「建国の父」の一人です。今では「合衆国憲法の父」として、アメリカ史にその名を刻んでいます。

マディソンは、バージニア州で大農園を営む裕福な家に生まれました。十二人兄弟の長男に生まれた彼は、少年時代から数学・地理・語学などに没頭し、やがてカレッジ・オブ・ニュージャージー（現プリンストン大学）へ進学します。ここで哲学・政治学・修辞学（弁論術）

をはじめとする広範な学問を修めました。

卒業後は気鋭の弁護士として、イングランド国教会から迫害を受けていた説教師を弁護し、信仰の自由を擁護《ようご》するために奮闘。その能力を認められて同州の議員となり、「バージニア信教の自由法」の制定を手掛けます。若き日の彼は、アメリカの礎《いしずえ》を成す「崇高《すうこう》な自由」という理念の確立に奮闘したのです。

ジェームズ・マディソン（1751〜1836）

イギリスとの独立戦争が終結すると、マディソンは次第に近代国家として明文憲法制定の必要性を感じていきます。その思いから、合衆国憲法制定を広く世に問う『ザ・フェデラリスト』（マディソンほか二人の手による著名な連作論文）を匿名《とくめい》で執筆します。

その後、マディソンは連邦党のアレキサンダー・ハミルトンと袂《たもと》を分かち、ジェファソンとともに民主共和党の結成に参画。彼が大統領に当選すると国務長官に就任します。長官時代には、国土を一挙に二倍に拡大した「ルイジアナ買収」交渉の中心人物となり、アメリカの西部開拓を支えました。

そして、ジェファソンが二期八年で退任すると、周囲から政権の正当な後継者と後押しされて大統領に就任します。しかし、大統領時代のマディソンは、イギリスとの二度目の戦争という国家的危機に直面し、人生における最大の試練を迎えます。

この戦争とは、一八一二年に勃発《ぼっぱつ》した「米英戦争」で、イギリスおよびインディアン諸部族とアメリカとの戦いです。当時のヨーロッパは、英仏による「ナポレオン戦争」の真っただ中で、両国が互いに海上封鎖を実施していました。それがアメリカ経済に深刻な打撃を与えていたのです。

さらに、アメリカ国内では、インディアン諸部族の抵抗による植民地開拓の停滞が「イギリスの暗躍によるもの」と捉《とら》えられ、反英感情も高揚していました。こうした背景にくわえ、独立後も継続していた英軍駐留や、イギリスによる公海上のアメリカ船員のインプレスメント(強制徴用)など、主権を蹂躙《じゅうりん》する政策もアメリカ市民の反感を生みました。そのためマディソンは、議会に対して「宣戦布告」を要請します。当時の議会は、イギリスから英領カナダの奪取を企図する「好戦的タカ派」の存在もあり、対英戦争を諸手《もろて》を挙げて歓迎しました。

こうして始まった戦争でしたが、緒戦は散々なものでした。カナダを攻め落とし、一挙に講和へ持ち込むとの目算は外れ、逆に首都ワシントンへの侵攻を許して、大統領公邸や議会図書館までもが焼き打ちにあいます。

このとき、若い国家の誇りを守ったのが大統領夫人のドリーです。彼女は、銃後の守りを固めて最後まで公邸にとどまり、英軍が首都に足を踏み入れると、やむなくジョージ・ワシントン（初代大統領）の肖像画のみを持ち出して公邸から避難しました。

彼女のこうした勇敢な行動は、苦しい戦況の中でアメリカ人の士気を鼓舞します。このように、大統領夫人の役割を初めて表舞台へと押し出したのがドリーでした。マディソンは彼女の献身的な支えがあって、体力的に不安を抱《かか》えながらも二期八年の激務を全《まっと》うできたのです。

米英戦争がもたらしたもの

アメリカにとって終始不利に展開された米英戦争は、最終的に「講和」という形で決着します。当時のイギリスは、ナポレオンを相手に国家の命運を賭《と》して戦っており、アメリカとの戦争を早期に終結させたい強い思いがありました。

しかし、歴史の記憶とは不思議なものです。現在、多くのアメリカ人がこの戦争を「わが国の大勝利」に終わったと理解しているのです。その理由は、当時未発達だった通信手段によるタイムラグ（時間差）に起因します。

一八一四年にナポレオン軍がヨーロッパで敗れると、米英による講和会議がベルギーのガンで開かれました。ところが、講和条約成立の知らせがアメリカに届く直前に、アンドリュー・ジャクソン（第七代大統領）がニューオーリンズの戦いで英軍を撃滅します。そのため、「ジャクソンの大勝利によって講和を達成できた」との誤った認識が米世論の中で形成されてしまったのです。

振り返ると、この対英戦争は極めて危険な博打《ばくち》であったといわざるを得ません。しかし歴史では、その結果によって正当性が決まることがしばしばあります。

米英戦争での「勝利」により、アメリカは国家の尊厳とプレステージ（威信）を保つことに成功しました。その結果、幼き国家に以前にも増して強き自負心、誇り、そしてナショナリズム（愛国心）が育《はぐく》まれていきます。これが、のちの「好感情の時代（Era of Good Feelings）」につながります。

くわえて米英戦争の勝利は、アメリカの政治・経済面でも変化をもたらします。具体的には、親英派の連邦党が瓦解《がかい》し、民主共和党による一党支配の時代が到来します。さらに講和条約によって、駐米英軍は完全撤退し、アメリカは「真の独立」を手に入れました。

こうして国家の近代化に専念できるようになったアメリカは、西部開拓の上昇気流に乗って躍進していきます。広大な西部の豊富な森林資源を、ナポレオン戦争後の復興特需にわくヨーロッパへ輸出し、莫大《ばくだい》な貿易黒字が国家インフラへの投資に回ったのです。

このように米英戦争の危険な賭《か》けに勝利したアメリカは、国家の存立を確固たるものにしつつ、新たな国家アイデンティティーを持ちながら、さらに勢いよく世界史を駆け抜けます。

5

アメリカを国際政治の舞台上に乗せた ジェームズ・モンロー

最後の「建国の父」

第五代大統領ジェームズ・モンローは、大統領となった最後の「建国の父」です。また、ジョージ・ワシントン（初代大統領）に始まるバージニア州出身の大統領――いわゆる「バージニア王朝（ダイナスティ）」最後の一人でもあります。足元のストッキングを外に見せる服装も建国期ならではの古風なもので、こうした服装をまとう政治家は、当時モンローぐらいしかいませんでした。その意味で、彼の政権をもってアメリカは、一つの時代の終焉《しゅうえん》を迎えます。大統領時代のモンローの実績は、先人・先代の大統領に比べてやや地味な印象があります。

その理由は、彼には米英戦争によって分断されたアメリカを再び融合させる「調整者」としての役割が大きかったからです。

たとえば国内にあっては、新たに誕生したミズーリ州が奴隷《どれい》制を認めるか否かで紛糾《ふんきゅう》した際、調整者としての才能を発揮し、同州の離脱を防ぎ国家分断を阻止しました。これが「ミズーリ妥協《だきょう》」と呼ばれるものです。また対外的には、欧州の政治干渉を排する「モンロー宣言」（のちにモンロー・ドクトリンと呼ばれる）を発し、アメリカが西半球の覇者となる道筋を立てます。

ジェームズ・モンロー（1758〜1831）

モンローは、バージニア州の裕福な農家に生まれました。少年時代から秀才で、数学やラテン語の習得に励み、十六歳でトーマス・ジェファソン（第三代大統領）の母校であるウィリアム・アンド・メアリー大学に進学します。しかし、在学中に独立戦争が勃発《ぼっぱつ》したため、学業を中断して従軍し、戦場で重傷を負いつつも九死に一生を得ます。
戦争終結後は、先輩ジェファソンのもとで法律を学び、弁護士になります。そして、バージニア州選出の上院議員（民主共和党）に当選。その後は、ジェファソンの大統領就任とともに駐仏全権公使となり、ルイジアナ買収のフランスでの交渉を担ってアメリカの国土倍増に貢献しました。

また、ジェファソンの仲介で面識を得たマディソンが第四代大統領に就任すると、今度は国務長官や陸軍長官を務め、米英戦争の終結に尽力します。こうした歴代政権下での功績を認められ、一八一六年の大統領選挙では、選挙人の約八割の得票を得て圧勝しました。

モンローは、堅固な政治基盤を背景に、党派と地域を超えた「一つのアメリカ」としての融和的政策を希求します。当時、市民の多くが「〇〇州出身」ではなく、「アメリカ人」としてのアイデンティティー（帰属意識）を抱《いだ》き始めていました。そうした新たな機運に応えるべく、モンローは大統領として初の西部を含む全米巡行《じゅんこう》を敢行します。こうしてモンローは南北いずれかの代表ではなく、全米を代表する大統領となったのです。

内外へ示す融和の姿勢は、閣僚人事にも表れました。北部出身のジョン・クインジー・アダムズ（第六代大統領、第二代大統領アダムズの長男）を国務長官に指名する一方で、南部出身のジョン・カルフーンを陸軍長官に据《す》えたのです。当時の議事録を読むと、アダムズとカルフーンが積極的に発言する一方、モンローの発言は少ないことがわかります。これは、彼が上意下達ではなく、合議を重視する政治を追求したからです。

ミズーリ妥協とモンロー宣言

しかし、融和を重んじるモンローにとって最大の難題が奴隷制でした。アメリカ合衆国建国の時点で奴隷制を明白に禁じていたのは、北東部のマサチューセッツ州のみ。それが北部諸州の工業勃興とともに、次第に北部は奴隷制を忌避《きひ》する「自由州」へと転じていきます。

これに対し南部では、高性能の綿繰り機が開発されて綿製品の需要が急増し、綿花を摘む労働力として黒人奴隷の重要性がますます高まりました。そのため、南部の「奴隷州」は、新たに獲得したルイジアナ地方の新規誕生州が、自由州と奴隷州のいずれを選択するかを注視するようになっていました。

ちなみに、アメリカには一八一九年の時点で二十二の州があり、自由州十一、奴隷州十一と同数でした。このため、二十三番目の州となるミズーリの動向が極めて重要でしたが、同州は奴隷州として連邦に加わることを決定します。

これを認めるかどうかで連邦議会は紛糾しますが、これを見事に仲裁したのがモンローでした。ミズーリを奴隷州として受け入れる代わりに、マサチューセッツ州からメーン地区を独立させ、自由州とする妥協案を提示したのです。

むろん、厳しく言えば、この決断は問題を先送りしたにすぎません。しかしモンローは、いずれ奴隷制は廃止すべきだと考えていました。その証しに、希望する自由黒人（解放奴隷）をアメリカの国費でアフリカへと送り届け、現在のリベリア共和国での生活を擁護《ようご》しています。その謝意として、同国の首都は「モンロビア」と命名されました。

くわえてモンローは、現在まで続くアメリカ外交における一つの原理原則を確立します。それが「モンロー宣言」です。

一八二三年当時、欧州は各国の協調を目指したウィーン体制下にありました。他方、南米ではスペイン帝国の衰退に乗じて、多くの植民地が独立を宣言していました。こうした中、欧州列強は、南米利権の争奪戦を繰り広げる構えを見せたのです。

この状況を憂慮《ゆうりょ》したイギリスは、モンローに対し欧州列強による南米侵略を牽制《けんせい》する警告を共同表明しようと持ちかけます。しかし、モンローはこの要請を断り、単独での声明発表に踏み切りました。こうして、「アメリカは欧州には干渉せず。他方で欧州の西半球への進出はわが国の平和と安全を脅《おびや》かすものとみなす」とのモンロー宣言は誕生したのです。

この宣言は、アメリカと歩調を合わせたかったイギリスが黙認したことで、初めて実行力を持ちました。同時に、この宣言によってアメリカは、国際政治の舞台に一気に躍り出ます。

こうしてアメリカは建国の激動期を乗り越え、新興大国への道を勢いよく驀進《ばくしん》していきます。

コラム

アメリカの富国強兵を実現した アレクサンダー・ハミルトン

孤児だった「建国の父」

これまで初代から第五代までの大統領を取り上げてきましたが、いわゆる「建国の父」には、大統領にこそならなかったものの、アメリカの建国期を語るうえで欠かせない人物もいます。その一人、アレクサンダー・ハミルトンは、アメリカの十ドル紙幣の肖像に採用されている人物として著名です。アメリカの紙幣は小額であるほど名誉とされていますので、彼がいかに重要な人物として位置づけられるかがわかります。

ハミルトンは、イギリスが領有していたカリブ海のネイビス島に生まれました。両親は内縁関係で、父は商才乏《とぼ》しく零落《れいらく》し、彼が十三歳のときに一家は離散。兄とともに孤児となりました。

その後、ニューヨークの商人が営む店で懸命に働き、類《たぐ》いまれな才能を買われ、店主らの財政援助によってニューヨーク州のキングス・カレッジ（現コロンビア大学）へ進学を果たします。しかし、在学中に独立戦争が勃発《ぼっぱつ》したため、彼は卒業を待たずに従軍する道を選びます。そして、勇猛果敢な戦いぶりを知ったジョージ・ワシントン（初代大統領）将軍に抜擢《ばってき》され、彼の副官として着々と軍功を重ねていきました。

独立戦争が終結すると、ハミルトンは弁護士として活躍する傍《かたわ》ら、寄り合い所帯でしかない独立十三州を一つの連邦国家にまとめ上げるべく、憲法制定会議の開催を提案します。また、一般世論に連邦制国家形成の必要性を訴えるため、ジェームズ・マディソン（第四代大統領）

アレクサンダー・ハミルトン（1755〜1804）

らと組み、憲法制定を訴えた連作論文『ザ・フェデラリスト』の大部分を執筆し、出版に奔走《ほんそう》しました。こうして彼は、アメリカ法制史において不滅の功績を残します。

その後は、三十四歳の若さでワシントン政権下の初代財務長官に就任します。彼は誕生間もないアメリカを支えるために、金融・経済・財政に辣腕《らつわん》を振るい、連邦政府主導で新機軸を次々と打ち出していきます。

たとえば、紙幣発行の権限を連邦政府のみに与え、それまで各州が独自に発行してきた紙幣の流通を停止させます。また、中央銀行にあたる合衆国銀行（連邦銀行の前身）を設立し、景気調節や公債発行などの金融政策を連邦政府の管轄《かんかつ》に収めます。さらに、庶民の利便性を考え、新設した造幣局に、当時としては珍しい小額硬貨の発行を命じました。

そのほか、通商交易を保全するため、財務省に税関監視艇部（のちのアメリカ沿岸警備隊）を設置。海洋国家アメリカを夢見て、海防の充実にも寄与します。

ハミルトンの本質は、明確な国家像を持ち、その理想の実現に向けてひたすら尽力した点にあります。彼が目指したのは、州ではなく連邦政府を主体とする堅固な中央集権的国家の建設であり、それによって新共和国は未来永劫《えいごう》の繁栄を獲得できると考えたのです。

その礎《いしずえ》となったのが、富国強兵の概念です。彼は適切な経済・金融政策を通じて、まず国家を豊かにし、そのうえで国防の拡充が不可欠であるとの信念を抱《いだ》いていたのです。

成育環境が影響した国家像

しかし、強靱《きょうじん》な連邦国家を目指すハミルトンの政策は、各州の独立性を重んじ、緩やかな連合体を理想の国家像に抱くトーマス・ジェファソン（第三代大統領）ら、民主共和党（アンチ・フェデラリスト）からの猛反発を招きます。それでもハミルトンは、自らの国家像の正しさを信じ、こうした抵抗に真正面から挑みます。

私は彼のこのような行動には、成育環境が関係しているのではと考えます。幼少期から苦難を味わってきたハミルトンは、市民を守れる豊かで強靱な国家に、自身が体験したことのない、温かく安心感を与えてくれる家庭を重ねていたのではないでしょうか。

安定した家庭には、しっかりとした大黒柱が必要です。ゆえに連邦主義という強固な柱をアメリカ社会に打ち立て、繁栄と安定の双方を確立しようとしたのかもしれません。

こうして、アメリカの連邦国家形成に多大なる貢献をしたハミルトンでしたが、ついに大統領になることはありませんでした。一七九四年に結成されたフェデラリスト（連邦党）の党首となっても、「ハミルトンを大統領に」との機運は生まれなかったのです。

〝ハミルトン大統領〟が実現しなかったのは、非嫡出子という彼の生まれた背景と、人望のなさが影響しました。頭脳明晰《めいせき》だったとはいえ、人の好き嫌いが激しく、好戦的な性格は国家のトップリーダーにはふさわしいものではありませんでした。

ハミルトンは一部の自党議員に対する嫌悪感から、政敵の民主共和党を支持し、ジョン・アダムズ（第二代大統領）の再選を阻止してジェファソンの大統領就任を実現させています。こうした自己中心的な行動は、多くの人たちをハミルトンから遠ざけてしまいました。

くわえて、既婚女性と不倫し、彼女の夫に恐喝された挙げ句それが暴露されたり、あるいは決闘で長男を亡くしたりと、私生活でもいろいろ問題や苦悩を抱《かか》えていたため、大統領を目指す状況にはなかったのです。

こうしてハミルトンは、次第に政界における厄介者《やっかいもの》と見なされていきます。そして一八〇四年七月、ハミルトンは自分が誹謗《ひぼう》中傷してきたアーロン・バー（ジェファソン政権の副大統領）から決闘を申し込まれて落命し、波瀾《はらん》万丈の生涯を終えます。四十九歳（四十七歳とも）の若さでした。彼の最期の場所は、わずか三年前に最愛の長男が亡くなったところのすぐそばでした。

コラム

大統領にならずして建国期を支えたジョン・ジェイとベンジャミン・フランクリン

平和を希求し対英戦争を回避

日本では知名度の低いジョン・ジェイですが、彼は法律と外交の側面からアメリカの発展に寄与し、対英戦争の危機を見事に回避した人物です。

ジェイは、ニューヨークの裕福な商家に生まれ育ちました。ハミルトンと同様にキングズ・カレッジ（現コロンビア大学）に学び、卒業後は弁護士として活躍します。独立戦争が勃発《ぼっぱつ》すると、いち早く大陸会議に参加し、同会議の第二代プレジデント（議長）およびニューヨーク州最高裁首席裁判官を務めて、念願であるアメリカの独立へ向けて尽力します。

一七八三年には、イギリスとの戦争を終結させた「パリ条約」の骨子を起草し、新共和国の誕生に貢献しました。そして独立後は、憲法制定を世に問う連作論文『ザ・フェデラリスト』の共同執筆者となり、合衆国憲法の草案にも携《たずさ》わります。ちなみに、この憲法はジェイが中心となって作成したニューヨーク州憲法が土台となっています。

ジョージ・ワシントン（初代大統領）政権下では、連邦最高裁長官に就任しました。在任中は三権分立を重視し、最高裁の影響力が突出《とっしゅつ》しないように配慮したため、この時期の最高裁はあまり目立った存在ではありませんでした。とはいえ、ジェイによって若き国家の法的基盤は着実に整備されていったのです。

ジェイの優れた特質は、リーガルマインド（法的思考力）を備え、党派や情実に左右されることなく常に冷静かつ的確に決断を下せた点にあります。その最たる例が、一七九四年に米英間で締結された「ジェイ条約」です。

先述のパリ条約によって、アメリカはイギリスから独立を果たしたものの、両国の通商交易関係については不透明なままにされていました。こうした中、一七八九年にフランス革命が勃発し、翌年、国王のルイ十六世が処刑されます。過激な展開にほかの欧州国家は危機感を募《つの》らせ、イギリスを中心に対仏大同盟を結成します。

しかし、建国間もないアメリカは中立政策に固執し、英仏双方との通商関係を維持して漁夫《ぎょふ》の利を狙いました。当然、敵国フランスとの貿易を続けるアメリカにイギリスは憤《いきどお》り、米英間は一触即発の状況に陥《おちい》ります。この対立を解消するために、ジェイはアメリカ政府の特使として急派されます。幼い国家の存続に平和が不可欠だと考えた彼は、融和的な姿勢をもって条約をまとめ、米英間の戦争回避を成し遂げました。

ジョン・ジェイ（1745〜1829）

ところが条約の是非をめぐって、今度はアメリカ国内が分断します。イギリスへの譲歩が多い割には得られる利益が僅少《きんしょう》なことや、そもそもアメリカ南部ではイギリスに対する不信感が根強く、親仏的な態度が支配的だったこともあり、ジェイは批判の的《まと》となります。

こうして、ジェイ条約は当時のアメリカにおける「踏み絵」になったのです。容認側が連邦派、否定側が民主共和派に振り分けられ、このあとの政党出現の一因となります。

他方で、ジェイ条約がなければ米英戦争が勃発していた可能性は高く、アメリカも南北に分かれて戦い、新共和国は短命に終わったかもしれません。それゆえ国内的な代償を払ったものの、結果としてジェイの行動は正しかったと評価できます。しかし、ジェイは政治生命に致命傷を負い、大統領に就任する夢もついえました。

科学力の礎を築くフランクリン

百ドル紙幣の肖像を飾るベンジャミン・フランクリンは、探究心が旺盛《おうせい》で、科学の力をもってアメリカの発展に貢献しました。本業のほか、印刷業・出版業・文筆業・教育者・科学者・発明家など多方面にわたって活躍をした彼は、多才かつスケールの大きい人物でもあります。ほかの建国の父たちと一線を画すのは、彼が科学文明国としてのアメリカの発展に心血を注いだことにあります。有名なのは、嵐の日に凧《たこ》を高く上げて被雷《ひらい》させ、雷の実体が電気であるのを突き止めた実験です。彼は思想や精神力ではなく、科学と技術の力によってアメリカの礎《いしずえ》を築き、のちのベルやエジソンのような偉大な発明家の先駆者となったのです。

「フィラデルフィアの英雄」と名高きフランクリンは、実はボストンで生まれました。父は、樹脂ろうそく職人で、子どもが十七人もいたため、常に貧しく、フランクリンも十歳で学校教育を断念します。そして十七歳のときに家出し、フィラデルフィアという新天地で懸命に努力した結果、やがて新聞社の経営者として大成功を収めます。

自らの不遇の時代を決して忘れなかったフランクリンは、人一倍公共心に富んでいました。当時、書物は大変高価で一般の人にはなかなか手が届かなかったため、地域社会へ呼びかけて全米初となるフィラデルフィア組合図書館を設立します。また、自身が高等教育の機会に恵まれなかったことから、フィラデルフィア・アカデミー（現ペンシルベニア大学）を創立し、教育振興にも励みました。

名声を上げたフランクリンは、大陸会議の初代郵政長官に就任したほか、アメリカ独立宣言の起草委員の一人にも選ばれ、政治の舞台でも活躍するようになります。

ベンジャミン・フランクリン（1706〜90）

このように多岐《たき》におよぶ社会貢献をなしたフランクリンですが、見落とされがちなのは彼が人口統計学の興隆に尽くしたという点です。アメリカの発展を支える人口が右肩上がりを続ける実態を把握したフランクリンは、人口増をまかなう食料や資源が自国に十分あるのかを統計的に算出しました。こうして、彼はデータを駆使して、誰よりも早く国家の将来を予見し、いずれアメリカは国力でイギリスを超えると確信します。事実、約一世紀後にアメリカの実質GDP（国内総生産）はイギリスを追い抜きます。

＊　＊　＊

ここまで七人の「建国の父」たちの軌跡を見てきました。そこから映し出されるのは、彼らの才能のみならず、アメリカの多様性です。まったく異なる出自、性格、思想を持ち合わせた〝父〟たちは、ときに激しく衝突しつつも、それぞれが自由の理念を礎とした国家を築くことに心血を注ぎ、アメリカという国家に生命の息吹を吹き込んだのです。

次章からは〝父〟たちの遺志を継いだ次世代のアメリカのリーダーたちが、建国の精神をいかに堅持しながら、国家の成熟と繁栄に邁進《まいしん》したのかを考察していきます。

第2章

西方への領土拡大期

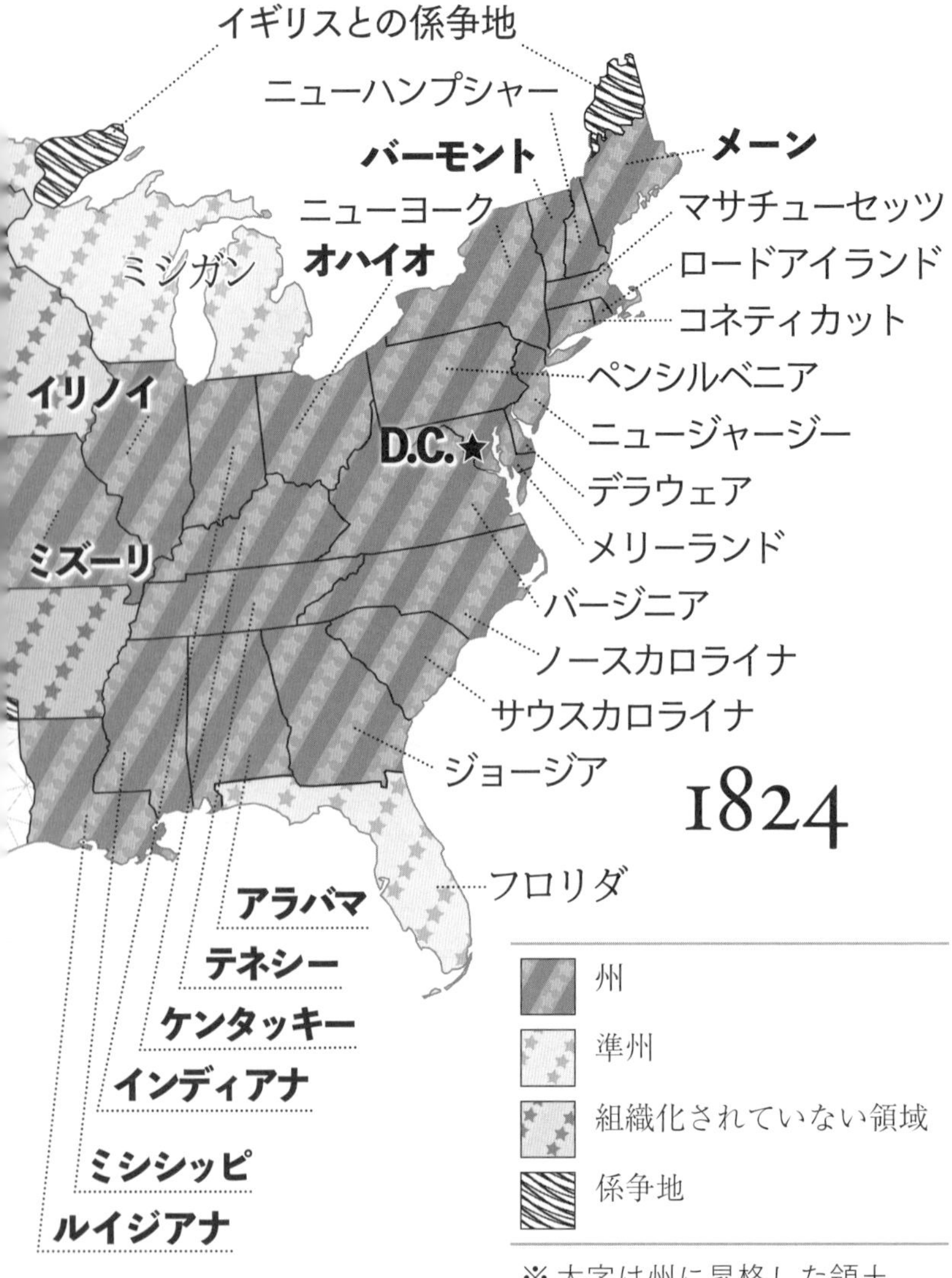
イギリスとの係争地
ニューハンプシャー
バーモント
メーン
ニューヨーク
マサチューセッツ
オハイオ
ロードアイランド
ミシガン
コネティカット
ペンシルベニア
イリノイ
ニュージャージー
D.C.
デラウェア
メリーランド
ミズーリ
バージニア
ノースカロライナ
サウスカロライナ
ジョージア
1824
フロリダ
アラバマ
テネシー
ケンタッキー
インディアナ
ミシシッピ
ルイジアナ
州
準州
組織化されていない領域
係争地
※太字は州に昇格した領土

アメリカ領土と州
（1824年）

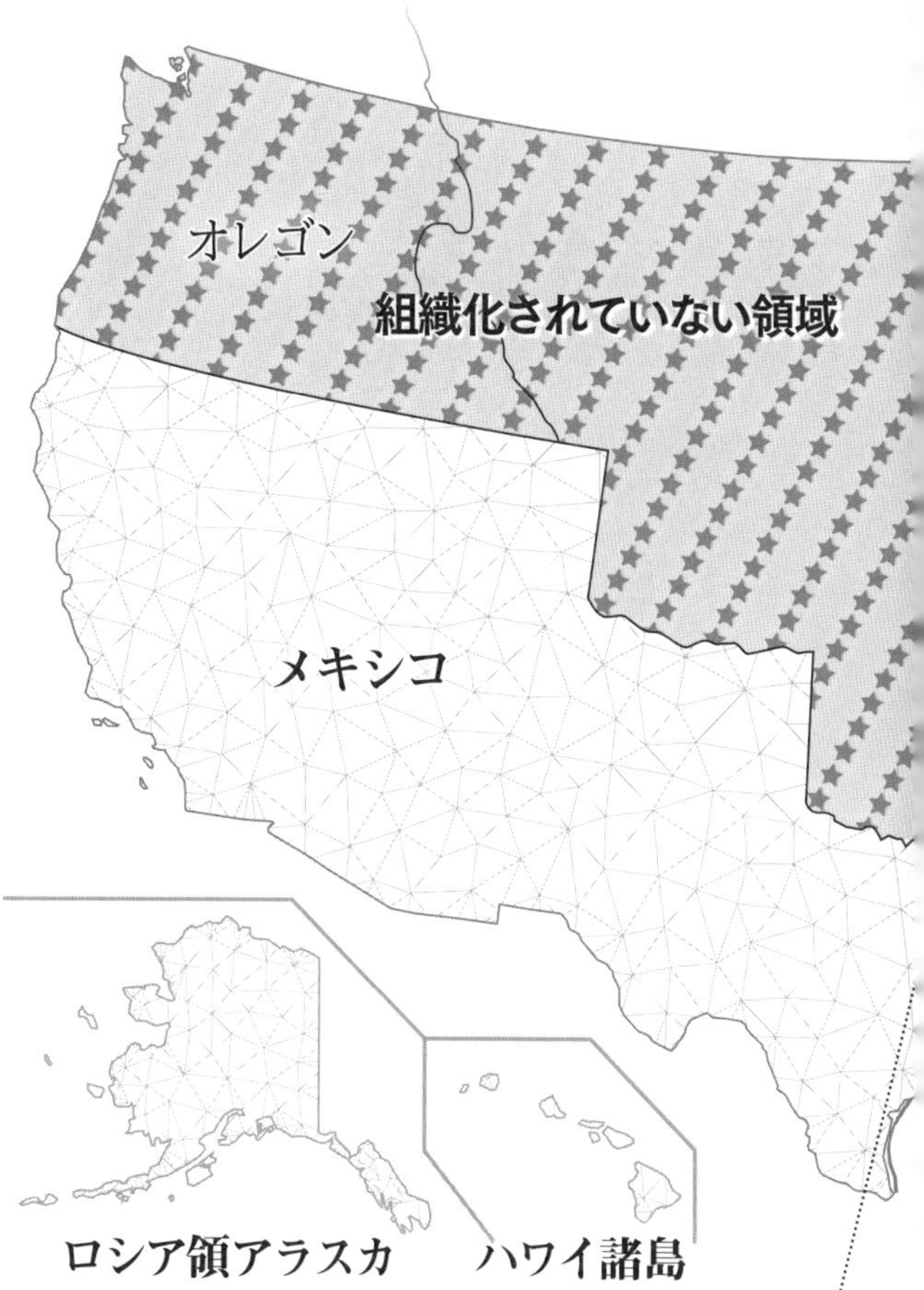

6 国家の将来性を重んじ、信念を貫いた ジョン・クインジー・アダムズ

アメリカ史上最高の外交官

第六代大統領のジョン・クインジー・アダムズは、初の「建国の父」ではない大統領です。また、父子二代にわたり大統領を務めた最初の人物でもあります。父同様に華やかさはないものの、教養と見識に富み、常に国の将来を念頭に置きながらアメリカの発展に尽力しました。

アダムズは、父ジョン・アダムズ（第二代大統領）と聡明《そうめい》で快活な母アビゲイルの間に生まれました。彼はフランス公使の任に赴《おもむ》く父に随行《ずいこう》して、十歳から十七歳の多感な時期を欧州で過ごし、広い世界観を養っていきます。正規教育を受けた期間は短いものの、代わりに父

のそばで国際政治を直接肌身で感じ、さらには父から厳しく学問の薫陶《くんとう》を受けて育ちました。欧州滞在中は、オランダ最古の名門ライデン大学に学び、フランス語、オランダ語のほか七カ国語を習得しました。また、語学力習得の一環としてギリシャ語版の聖書を短期間で英訳し、周囲を驚かせています。帰国後は、父の母校ハーバード大学で学び、ニューイングランドを代表する名家の伝統を継承します。

アダムズが思春期を勉学にささげた背景には、母の教えが大きな影響を及ぼしています。彼女は欧州へと旅立つ父子を見送る際、「お父さまを支え、いずれ国のために尽くせる能力を培《つちか》いなさい。さもなければ、戻ってくる必要はありません」と愛息《あいそく》に明確な使命感を与えました。

アダムズが体得した国際感覚と語学の才は、必然的に彼を外交の世界へと導きます。ジョージ・ワシントン（初代大統領）に将来を嘱望《しょくぼう》され、二十六歳でオランダ公使に抜擢《ばってき》されたのです。その後もポルトガル、プロイセン王国、ロシアの公使を歴任し、鋭い国際感覚を養ったアダムズは、アメリカの外交政策を担う中心人物となり、やがてはアメリカ史における最も優れた外交官と称されるようになります。

一八一四年には米英戦争の停戦交渉の責任者を任され、ガン条約を締結。これにより二年前に勃発《ぼっぱつ》していた米英戦争を、アメリカに一方的に不利にならない形で無事に収拾《しゅうしゅう》しました。次いで、第五代大統領モンローの政権では、国務長官に就任し、アメリカ外交の礎《いしずえ》を築きます。

その最たる例が、アメリカの外交基本原則と位置づけられる「モンロー宣言」の起草です。

一八一九年には、スペインと「アダムズ・オニス条約」を締結《ていけつ》して、南東部フロリダ地域を手中に収めます。すると、続けざまに対英交渉を通じて英領カナダとの国境を画定させ、太平洋沿岸のオレゴン地域を共有する合意を取りつけます。

かくして、アダムズはアメリカの将来の西進を可能にする道筋を整え、のちに太平洋国家へと発展できる土台を築いたのです。

ジョン・クインジー・アダムズ（1767〜1848）

国家を愛したナショナリスト

外交で華々しい実績を重ねたアダムズですが、それでも一八二四年の大統領選では予想外の苦戦を強《し》いられます。当時はリパブリカンズ（民主共和党）一党優位の「好感情の時代」の終《しゅう》焉《えん》期であり、リパブリカンズから次代のリーダーを狙う四人の候補が立候補したため、選挙戦は混迷を極めます。

アダムズの最大の誤算は、対英戦争の英雄アンドリュー・ジャクソンが出馬したことです。カリスマ性に富むジャクソンは、一般投票で首位に躍り出て、アダムズは二位に甘んじます。しかし、両人とも選挙人票では過半数を獲得できず、憲法に基づき下院での決戦投票に持ち込まれました。これはアメリカ史上唯一の出来事です。

純粋な民主主義から考えれば、然《しか》るべき勝者はジャクソンのはずです。ところが、本選四位のヘンリー・クレイ（当時は下院議長）が自身を推す票をアダムズへ回し、これが決め手となってアダムズが逆転勝利を収めたのです。

こうして大統領に就任したアダムズは早速、クレイを国務長官に迎えます。これにジャクソン陣営は憤《いきどお》り、彼らは「汚い取引（corrupt bargain）」だと新政権を糾弾《きゅうだん》しました。やがて民主共和党内の亀裂は収拾不能となり、ついには体制側のアダムズ支持者がナショナル・リパブリカンズ（国民共和党）となり、反体制のジャクソン派は、のちに民主党を結党。これがアメリカ政治において二大政党制が定着する淵源《えんげん》となります。

アダムズはこうした厳しい政局の渦中にあっても、常に国の繁栄を追求し、大規模な公共工事を興《おこ》したり、社会基盤を整備したりするなど、国家の近代化を進めます。くわえて、強い正義感と信念を持つアダムズは、インディアンに対して穏当《おんとう》に対応し、奴隷《どれい》制についても一貫して反対を貫きました。これはスティーブン・スピルバーグ監督の映画『アミスタッド』にも描かれていますが、アダムズは大統領退任後、アメリカに漂着《ひょうちゃく》したアフリカ人奴隷の解放を求め、最高裁で彼らを弁護し、見事に自由を勝ち取っています。

しかし、国家の繁栄と正義を何よりも重視するアダムズの姿勢は、地域の利益と民意を重んじるジャクソン派からの激しい攻撃にさらされます。「少数の有権者によって選ばれた大統領」との不利な情勢もあり、一八二八年の大統領選では、民主主義の拡大と尊重を訴えたポピュリスト路線のジャクソンに大敗を喫します。

これにより、マサチューセッツとバージニアの両州から大統領が選出される時代は幕を閉じました。しかし、これはアメリカが国家として着実に成長していることを示す事実でもあります。

アダムズについて特筆すべき点は、落選後も決して愛国心を喪失《そうしつ》しなかったことです。彼は十七年という残りの人生を下院議員として国家にささげ、その最期は連邦下院議会審議中の議場内でした。信念を貫徹したアダムズは、州（ステート）ではなく、国家（ネーション）を常に最優先とした真のナショナリストだったのです。

7 深化するアメリカの民主主義が生んだ大統領 アンドリュー・ジャクソン

ジャクソンとトランプの相似性

第七代大統領アンドリュー・ジャクソンは、ポピュリズム（大衆迎合主義）や強権的とされる政治姿勢から、ドナルド・トランプ（第四十五代大統領）との相似性が指摘される指導者です。その発端は、アメリカの政治学者であるウォルター・ラッセル・ミード氏が、著名な外交オピニオン誌『フォーリン・アフェアーズ』（二〇一七年三月号）に「トランプが寄り添うジャクソニアンの思想——反コスモポリタニズムの反乱」と題する論文を投稿したことにあります。

それ以降、日本のメディアでは、ジャクソンとトランプを同じ土俵で論じる傾向が顕著となりました。私のもとにも「ジャクソンとトランプは本当に似ているのか」といった質問も多く寄せられました。そこで、ジャクソンとトランプを比較し、彼らの共通性と相違性を検証しながら、ジャクソンという人間、そして彼が生きた時代をひもときたいと思います。

ジャクソンの人物像を理解するうえで重要なのは、「self-made man（たたき上げの人）」という概念です。これまでのアメリカ大統領は皆、社会のエリート階層から出ていましたが、ジャクソンは違いました。

彼はアイルランド移民の貧農の子として、英領サウスカロライナ植民地の森林地帯ワクスハウ（のちにテネシー州に組み込まれる）に生まれます。当時、この地は白人入植者が少なく、先住民の多いフロンティアでした。それゆえ、同地に住む入植者たちは、州政府はもとより自治

アンドリュー・ジャクソン（1767〜1845）

体にすら頼れません。「先住民の襲撃から家族を守れるのは自分しかいない」――こうした厳しい環境から、ヨーロッパ人とは異なるたくましい〝アメリカ人〟が創造されたのです。

ジャクソンの父は、彼が生まれる前に死去し、生活困窮ゆえに学校にも通えず、充実した教育環境とは無縁でした。

一七七五年に独立戦争が勃発《ぼっぱつ》すると、十三歳のジャクソンは、兄たちとともに勇んで志願します。しかし、彼は英軍に捕らえられて激しい虐待《ぎゃくたい》を受け、餓死寸前の苦境に陥《おちい》ります。そして、戦争終結後のジャクソンを待ち構えていたのは、兄たちの獄死と母が病死したとの報《しら》せでした。彼は若くして、人生の悲哀と孤独を味わうことになったのです。この原体験が、ジャクソンの心に反英感情と愛国心を刻み、同時に強さとたくましさを育《はぐく》む要因となります。

その後、ジャクソンは独学で弁護士資格を取得します。土地に絡む借金訴訟で債権者側に立って次々と勝利し、名声を上げました。そして、テネシー州選出の下院および上院議員となり、州検事総長の要職も務めます。また、ビジネスでも成功を収め、雑貨店経営で手にした利益を元手に黒人奴隷《どれい》を買い入れ、大規模な綿花農園の経営に乗り出していきます。

こうして見ると、幼少期・青少年期のジャクソンとトランプでは、その違いがはっきりしています。トランプはニューヨークの大都市に生まれ、富豪の父のもとで何不自由なく暮らしました。ペンシルベニア大学を出て早くから実業界入りし、親が与えた多額の資金を元手に、やがて「不動産王」の地位を手に入れます。

また、トランプは大統領に就任するまで、議員や軍人として公益のために献身したことは一度もありません。ベトナム戦争も父のコネによって、兵役義務を逃れました。こうした経歴は、self-made manからはかけ離れたものです。

ジャクソニアン・デモクラシー

ジャクソンを全米の有名人へと押し上げたのは、一八一五年の第二次米英戦争下における「ニューオーリンズの戦い」です。自軍の死者二十一人に対し、英軍約二千人を撃滅する大勝を収め、その直後に米英講和条約締結の報がもたらされたこともあり、彼は一躍、対英戦争の英雄として国民的人気を獲得します。実のところ、この戦いを待たずして戦争は事実上終結していました。ところが、当時の通信手段の遅さから、ジャクソンの勝利が講和を導いたとの勘違いが生じ、誤解は新聞を通じて拡散していったのです。

ジャクソンは、この名声を背景に一八二四年の大統領選へ出馬します。しかし、一般投票では勝ったものの、最終的にジョン・クインジー・アダムズに敗北を喫してしまいます。この悔《くや》しさをバネに、ジャクソンは虎視眈々《こしたんたん》と四年後の大統領選挙での雪辱《せつじょく》を狙います。

この四年間のうちにアメリカも様変わりします。新しい州が次々と誕生し、これらの州では白人の成人男子全員に参政権が付与されました。他州でも投票条件は緩和され、投票人口増加率は人口増加率をはるかに超えるようになります。そうした中で、一般の人々が「政治は暮らしの改善と直結する」と初めて認識するようになり、アメリカの民主主義は一気に深化していったのです。

この時代の流れに乗って、ジャクソンは一八二八年の大統領選に圧勝します。ちなみに、こうした民主主義の深化を「ジャクソニアン・デモクラシー」と呼びますが、その本質は、あくまでも時代がジャクソンを輩出したのであり、決してジャクソンが時代をつくったわけではない、という事実にあります。

ジャクソンは「common man（一般庶民）」を重視して、「あなたたちこそこの国の主役なのだ」と熱弁を振るい、ポピュリズムを最大限に活用して支持を得ました。こうした語り口には、「forgotten men and women（忘れられた人々）」の文言を用い、ポピュリズムに依拠した選挙戦を展開したトランプとの共通点が見いだせます。

しかし、体制の破壊を訴えながら富裕層と社会的エリートによる政権を構えたトランプとは異なり、ジャクソンは「庶民による庶民のための政治」を追求しました。声なき庶民の代弁者を目指したジャクソンと、共和党宗教右派の旗印を掲《かか》げるトランプとでは、根本の政治理念が全く異なります。

功罪相半ばする施政

大統領になったジャクソンは、大衆益を優先する政治に徹しました。具体的には、①参政権の拡大（政治を庶民に開く）②スポイルズ・システムの徹底（勝利した大統領が政府高官の人事権を掌握）③マニフェスト・デスティニー※（天命として西部開拓を推進）④自由放任主義（州権主義を重んじ、自由放任経済を追求）——などの施策を積極的に展開します。

ただ、ジャクソンの施政は功罪相半ばするものでした。政治では、二十七年の長きにわたって連邦最高裁長官を務めていたジョン・マーシャル判事と良好な関係を築き、司法府の権威拡大を認める代わりに、行政府の権限強化に成功します。立法府（議会）の力を弱めて、政権の安定運営を目指した。それゆえ、彼は強い大統領になれたのです。

また、スポイルズ・システムは能力優先主義ではなく、忠誠心の優先が根本にあったため、無能な閣僚および政府高官が多くを占めました。その結果、大統領は側近のマーティン・ヴァン・ビューレン（第八代大統領）に頼るしかなく、政治の質の低下を招きました。この点はトランプ政権と似ているものの、トランプ政権にはビューレンのようなエースは不在です。

さらにマニフェスト・デスティニーは、先住民の強制移住政策へとつながり、アメリカ史の汚点となりました。ジャクソンほど先住民の土地を奪い、彼らを虐殺した大統領はいません。インディアン先住民族チェロキーに対する強制移住では、ろくに食料を与えずに過酷な行進をさせて四人に一人が落命。彼らの通った道は、「Trail of Tears（涙の旅路）」と呼ばれるようになりました。そのほか、奴隷制を積極的に擁護《ようご》したジャクソンの姿勢は、今では厳しい非難の対象となっています。こうした点では、ムスリム（イスラム教徒）を敵視し、公民権運動に対する認識が希薄なトランプとの類似性はあるといえるでしょう。

ほかにトランプとジャクソンの共通性は、両者とも経済政策を全く理解していない点です。雇用のみを重視して保護貿易に走るトランプと、中央銀行による金融政策支配は悪と断じ、第二合衆国銀行を廃止へと追い込んだジャクソンはどこか似かよっています。

ジャクソンが二期を務めた後は、彼に忠実だった側近が大統領を務めます。こうしてジャクソン以降、アメリカの政党政治はますます大衆性をおびて進んでいきますが、その延長線上に二〇一六年のトランプ政権誕生はあったといえるかもしれません。

※マニフェスト・デスティニー……「明白な運命」の意味。「アメリカの領土拡大は、神がアメリカ国民に与えた天命」とする考え方。一八四〇年代、アメリカの領土拡大を正当化するためのスローガンとして使われ、一八九〇年代のアメリカの帝国主義政策の弁護にも用いられた。

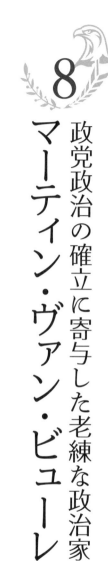

8
マーティン・ヴァン・ビューレン
政党政治の確立に寄与した老練な政治家

ジャクソンの追従者にあらず

一八三七年のアメリカは、十八年ぶりの深刻な経済恐慌に直面していました。いわゆる「一八三七年恐慌」です。金融・財政をつかさどる第二合衆国銀行（中央銀行）の十年期限の免許更新が、州権主義者であったアンドリュー・ジャクソン（第七代大統領）によって認められなかったためです。

中央銀行なきアメリカ経済は、やがて統制不能となり、各州の銀行破綻《はたん》や、それに伴う企業の連鎖倒産を招き、失業率の悪化が深刻な社会問題となりました。こうしたジャクソンによる政策の負の遺産を背負ったのが、第八代大統領のマーティン・ヴァン・ビューレンです。ビューレンは、ジャクソンの退任後に後継指名を受け、彼の強烈な後押しによって大統領の座を射止《いと》めた人物です。生来おとなしい性格で体格も小さかった彼は、圧倒的なカリスマ性を有するジャクソンを前に、埋没《まいぼつ》した印象を持たれがちです。

そのうえ、ジャクソンの追従者としての印象が強く、ビューレンに対する後世の歴史家の評価は芳《かんば》しくありません。その影響か、一般的にも知名度の低い大統領となっています。

しかし、歴史を精査するとジャクソンの追従者としての姿は薄れ、むしろ、政党政治の確立という形をもって、民主主義のさらなる発展と進化に貢献した指導者としての姿が浮かび上がります。

ビューレンは、ジャクソンの大統領就任を実現させた最大の功労者です。アメリカ政治を巧《たく》みに操った彼の働きによって、この時代の民主党の基盤は確立され、現代の民主党へと至る土台が築かれました。その意味で、ビューレンはアメリカ政治史を語るうえで欠かせない人物なのです。

ビューレンは一七八二年、ニューヨーク州キンダーフック村で生まれました。彼の愛称「オールド・キンダーフック」は、この出生地が由来です。ちなみに、私たちが日常的に用いる「OK」の表現は、この愛称の頭文字を取ったものだとする説もあります。

キンダーフックはオランダ人の村で、ビューレン家も四代続くオランダ系移民でした。この村では日常会話にオランダ語が使われていたため、ビューレンの母語もオランダ語であり、彼は歴代大統領で唯一、第一言語を英語としない大統領です（名前はもともとマルテンだったが、のちにアメリカ式のマーティンに改名）。また、彼はアメリカ合衆国建国後に生まれた最初の大統領でもありました。

マーティン・ヴァン・ビューレン（1782〜1862）

基礎教育を終えたビューレンは、地元の法律事務所に勤務しながら法律を学び、やがて弁護士資格を取得します。なお、このころ彼は幼なじみのハンナ・ホーズと結婚。六人の子どもを授かります。ハンナは、結核により三十五歳の若さで逝去《せいきょ》しますが、ビューレンは生涯再婚しませんでした。こんなところにも彼の実直さがうかがえます。

その後、一八一二年にニューヨーク州議員、二一年に同州選出の上院議員、二八年にはニューヨーク州知事に就任し、政治の階段を駆け上ります。ちょうど知事に就任した年が大統領選挙と重なり、ジャクソンへ身を捧《ささ》げる決意をしていたビューレンは知事を辞職。州から全米レベルへと至る高度に組織化されたポリティカル・マシーン（政党機構）を築いて、ジャクソンブームを牽引《けんいん》します。

覚醒《かくせい》した民衆によるポピュリズムの波に乗ったジャクソンは、大統領選で圧勝。すると、ビューレンはその功績を認められて国務長官になりました。

その後もビューレンは、ジャクソンの最大の理解者として政権を支え、政権内にスキャンダルが起こっても迅速に解決します。閣僚が更迭《こうてつ》されると、自身に対する「ジャクソン子飼い」との批判を封印するために、国務長官の職を辞す行動に打って出たのです。その潔《いさぎよ》さと胆力に感銘したジャクソンは、二期目にビューレンを副大統領候補に指名し、選挙戦に臨みました。

信念を貫いた大統領

ジャクソンが大統領を二期務めた後、一八三七年の大統領選挙でビューレンはジャクソンの後継指名を受けて当選します。なお、アメリカ歴代大統領の中で、国務長官と副大統領の双方を経《へ》て大統領に就任した人物は、トーマス・ジェファソン（第三代大統領）とビューレンの二人のみです。

民主共和党（民主党の前身）を結党し、ジェファソン民主主義の始祖となったジェファソンと、この党を近代化し、一般民衆に支えられる党に変容させたビューレン。両者には新時代に対するビジョンと、それを切り開く確固たる信念や政治力を持ち合わせたという相似性が見いだせます。

そうした信念が顕著となったのが奴隷《どれい》問題です。当時、農業が盛んな南部諸州に勢力基盤のあった民主党は、奴隷制を支持していました。くわえて、通商よりも土地の獲得によって国家は豊かになると考えていた同党は、アメリカの領土拡大（マニフェスト・デスティニー）に熱心でした。

ところが、北部出身のビューレンは、倫理的な観点から奴隷制にかたくなに反対し、領土拡張よりも奴隷制の拡大阻止を重視します。テキサス共和国のアメリカへの併合にも断固反対を貫きました。

こうした姿勢は、先住民に対しても同様です。ビューレンは、ジャクソンによる強制移住法によってインディアンの土地が奪われたことに心を痛め、前政権時代に勃発《ぼっぱつ》した第二次セミノール戦争（一八三五〜四二年）の休戦にも尽力しています。

このように崇高《すうこう》な倫理観を持ったビューレンには、自らの政党の枠を超え、アメリカを正しい道へと向かわせようとする気概と気骨がありました。しかし、冒頭述べた経済不況にくわえ、これらの政策が党員の不評を買い、彼は一期のみの大統領として退陣します。

晩年は自ら育てた民主党を見捨て、奴隷制反対で頭角を現した共和党のリンカーンと親交を深めていきますが、こうしたところにもビューレンの人間性が見いだせるのではないでしょうか。

9&10 大衆民主主義時代を駆け抜けた旧世代のウィリアム・ハリソンとジョン・タイラー

画期的だった一八四〇年の大統領選挙

アンドリュー・ジャクソン（第七代大統領）の後を継いだマーティン・ヴァン・ビューレン（第八代大統領）が一八四〇年の大統領選挙に惨敗《ざんぱい》してその座を退くと、政権はホイッグ党に移行します。

同党は保護貿易の強化や大統領に対する連邦議会の優位性を主張する新興政党でしたが、

支持層がアメリカ南部と北部の双方にまたがっていたため、実態は「反ジャクソン」だけをもって保革両派が大同団結した反民主党連合でした。たとえば、南部は奴隷《どれい》制に賛成でしたので、この一点だけをとっても党内の足並みは乱れていました。実際、奴隷制への対応がやがて同党を瓦解《がかい》させます。

下野《げや》を余儀《よぎ》なくされた民主党ですが、ジャクソニアン・デモクラシー自体が終焉《しゅうえん》を迎えたわけではありません。むしろ、政治の担い手が一部の特権エリート階級から大衆へと移行する時代のうねりは、ますます勢いを増します。それが明確になったのが、一八四〇年の大統領選挙です。

第九代大統領ウィリアム・ハリソンが勝利した同大統領選挙は、①自らの主張や目標を訴えるために選挙スローガンを導入 ②皆が親しみを持ち、唱和する歌を選挙戦に導入 ③候補者自らが遊説《ゆうぜい》し、大統領としての実力を直接大衆へアピール ④選挙期間中、候補者同士が激しく誹謗《ひぼう》中傷し合い、個人攻撃を展開——という四つの点において画期的でした。

これらは、「コモンマン（一般庶民）こそアメリカの主役だ」と捉《とら》えたジャクソニアン・デモクラシーの行き過ぎた結末だといえるでしょう。一方で、現代の大統領選挙ではすっかり根付いてしまっている事実も見逃せません。

ともあれ、ビューレンは任期中の経済恐慌、奴隷制反対、テキサス併合反対の立場が災《わざわ》いして再選を逃しました。しかし、最大の敗因は、彼が時代の潮流を見誤ったことです。ビューレンは、対立候補のハリソンを「ログキャビン（丸太小屋）に住み、いつもシードル（自家製りんご酒）を片手に持つような人物は、洗練されておらず、アメリカ大統領にはふさわしくない」と中傷しました。

　しかし、政治意識が覚醒《かくせい》した一般市民たちは、ビューレンのこうした個人攻撃にこぞって反発しました。折しも、アメリカが太平洋を目指して西進する時代です。「シードルを飲み、荒野のログキャビンでたくましく生きることこそ、われらのフロンティアスピリット（開拓精神）ではないか」と、彼らはハリソンへ共感票を投じ、大統領選で圧勝させます。

　ただし、彼らのハリソン像は実態と大きな乖離《かいり》がありました。彼は十六世紀までルーツをさかのぼれる英国の大農園主の名家に生まれ、そのコネで軍人となりました。そして、一八一一

ウィリアム・ヘンリー・ハリソン（1773～1841）

年の「ティピカヌーの戦い」でインディアンの連合軍に勝利して名声を轟《とどろ》かせ、政界へ進出した人物です。

バージニア出身らしく、奴隷制を支持し、奴隷制の拡大につながるテキサス共和国の併合にも好意的でした。このように、ハリソンは偽りのイメージを駆使し、庶民の心をつかむ巧《たく》みな選挙戦術によって大統領の座を射止《いと》めたのです。

他方、有権者も事実を確認せずに、そのイメージをうのみにしてしまいました。こうしたハリソンの欺瞞《ぎまん》と当時の未成熟なポピュリズムは、ある意味で現代におけるドナルド・トランプ（第四十五代大統領）および彼の支持者たちと通じるところが多いです。

東アジアへ目を向けたタイラー

そのハリソンですが、実は就任から一カ月で急逝《きゅうせい》します。原因は、寒風吹きすさぶ日にコート着用なしで大統領就任宣誓を行い、約二時間の演説（現在も歴代最長）で肺炎を患《わずら》ったためともいわれています（諸説あり）。

こうしてハリソンは、歴代で最も短命にして、初の現職大統領の死去という事態を招きました。そして、この状況を捉え、果敢に動いたのがジョン・タイラー副大統領です。自らの大統領昇格の既成事実化を図り、第十代大統領に就任したのです。

　このアメリカ史上初となる副大統領からの昇格ですが、当時の合衆国憲法では、副大統領の昇格ルール（第二条第一節第六項）が曖昧《あいまい》で、何らかの理由で大統領が権限と義務を行使できない場合、それらは副大統領に「移譲される」としか記されていませんでした。つまり、自動昇格の規定はなく、かつ正規の大統領になるのか、あるいは大統領代理でしかないのかさえも不明確でした。これは、ひとえに副大統領職が創設以来「閑《かん》職《しょく》」だったからです。

ジョン・タイラー（1790〜1862）

　閣僚内には「閣議の多数決を経《へ》て施政を行うべき」との意見もありましたが、タイラーは一切耳を傾けませんでした。そして、自らを大統領と呼ばぬ人々を相手にせず、正規の大統領としての統治を敢行したのです。なお、一九六三年のケネディ大統領暗殺を契機に「合衆国憲法修正第二十五条」が制定され、この慣例は制度化されます。

タイラーは、もともと民主党議員だったのですが、ジャクソンが州の権限を蔑《ないがし》ろにしていると考え、反ジャクソンに転じてホイッグ党に身を置きました。そのため、もともとホイッグ党の基本的な理念・政策を共有していたわけではありません。そこに、突然後継の座が転がり込んできたのです。

その結果、彼は党・議会とことごとく対立しました。最終的には全閣僚から辞表を提出され、ホイッグ党からも除名されたうえ、二期目の大統領選には出馬すらできませんでした。

日本ではなじみのないタイラーですが、実は後世に残る実績も挙げています。たとえば、第二のモンロー・ドクトリンともいえる対外政策を定め、ハワイの領有を念頭に海軍力を増強し、海洋国家アメリカの礎《いしずえ》を整えました。

さらに、彼はアメリカ市民の目を「領土」ではなく「市場（マーケット）」の獲得に向けさせました。それゆえ、アジアへの接近を重視し、中国との望厦《ぼうか》条約（米清修好通商条約）を締結《ていけつ》したのです。当然、この後の日米関係の幕開けは、この延長線上にあります。その意味で、彼は日米両国にとって不可欠な人物だったといえます。

11 太平洋国家アメリカをつくり上げた ジェームズ・ノックス・ポーク

番狂わせの大統領選挙

選挙は時として思いもよらぬ結果をもたらすことがあります。そして、その余波が後々まで影響を及ぼした例も少なくありません。しかし、そうした事例の中でも、第十一代大統領ジェームズ・ノックス・ポークほどアメリカの後世に影響を与えた大統領はいないでしょう。

ポークが勝利した一八四四年の大統領選挙は、ジョン・タイラー前大統領が強引に進めたアメリカへのテキサス共和国併合の是非が主な争点となりました。奴《ど》隷《れい》制を容認するテキサスを合衆国へ組み込めば、保たれてきた非奴隷州とのバランスを崩しかねず、この議論は当時のアメリカを二分していました。くわえて、かねてのメキシコとの約束を反故《ほご》にしてテキサス併合に踏み切った場合、同国との戦争は必至でした。こうした観点から、アメリカ国民の中には多数の慎重派が存在していました。

この問題をめぐっては、ジョン・タイラー前大統領を送り出したホイッグ党が断固反対の立場を堅持（それゆえ併合を強行したタイラーは党から放逐《ほうちく》されます）。他方、マニフェスト・デスティニーを信奉する民主党は、さらなる領土拡大に期待を寄せて、賛成の立場を取りました。

こうした中、大統領候補を選出する過程で両党とも予期せぬ波乱が起きます。ホイッグ党では、重鎮であるヘンリー・クレイが指名を受けたものの、自身が奴隷を保持していたことからテキサス問題をめぐって態度が二転三転し、党員の不信を招きました。

一方の民主党においても、マーティン・ヴァン・ビューレン（第八代大統領）の再出馬が本命視されましたが、北部ニューヨーク出身の彼は党主流と違って奴隷制に反対でした。しかも、テキサス併合にも否定的だったために、指名獲得に必要な党大会三分の二の支持が得られなかったのです。

やがて民主党では、それまで全く無名だったポークに注目が集まります。ノースカロライナ州で農業を営む家庭に生まれた彼は、弁護士を経て政界入りします。下院議員、下院議長、テネシー州知事など豊富な政治経験を有していたものの、中央政界では存在感の薄い人物でした。

ポークが注目されるようになった理由は、テキサス併合に賛成する立場を示すとともに、イギリスとの境界線が未確定だった北西部（現在のオレゴン州、ワシントン州とカナダのブリティシュコロンビア州）の帰属をアメリカに有利な形で解決すると訴えたからです。

　これにより、ポークは北部と南部双方の民主党員支持を獲得できたのです。さらに、彼は「一期のみで大統領を退任する」と明言します。これは、将来大統領のポストを狙っていた野心的な政治家らにとっては魅力的なアピールとなりました。その結果、ポークは九回の投票を経《へ》て民主党の指名を獲得します。そして、大統領選挙でも大接戦を制して第十一代大統領の座を射《い》止《と》めたのです。これが米史上初のダークホース――全く無名な政治家による番狂わせ――が当選した事例となりました。

ジェームズ・ノックス・ポーク（1795〜1849）

現在のアメリカ四十八州の形を確定させる

ポークは、自らに課した任期制限の中で積極果敢に行動します。まず公約どおり、一八四五年十二月にテキサスを二十八番目の州として合衆国に組み込みます。そして、併合に憤慨するメキシコとの外交交渉が決裂したのを契機に、同国を挑発。四六年四月にメキシコとの間で戦争を始めます。

この米墨戦争でアメリカは、これまでの戦争の中で最も大きな損害を被《こうむ》りつつも勝利します。その結果、終戦交渉によって現在のメキシコとの国境線にあたるリオグランデ川以北の土地の割譲を勝ち取りました。

この土地は、現在のカリフォルニア、ネバダ、ユタ、ワイオミング、コロラド、アリゾナの各州を含む広大なもので、これによってアラスカを除く現在のアメリカ大陸にある四十八州の形が決まります。こうしてポークは、仏領ルイジアナ買収を実現したトーマス・ジェファソン（第三代大統領）を超え、「最もアメリカの領土を拡大した大統領」として歴史に名を刻みました。

なお、当時のアメリカはヨーロッパを反面教師にしていたところがあり、ここでも旧世界的な帝国主義者になるのを嫌い、領土の対価としてメキシコに千五百万ドルを支払っています。

この後、ポークは北西部地域に関心を向けます。強国であるイギリスとの戦争を回避しつつ、オレゴン地方の境界線を巧《たく》みな外交交渉によって確定させます。これが北緯四十九度を米英の国境と定めた「オレゴン条約」です。

ここで得た領地を含めると、ポークはルイジアナ買収の実に一・五倍を超える領土を手にしたのみならず、アメリカを初めて太平洋に到達させ、太平洋国家へと成長させたのです。のちのアメリカの日本に対する関心は、この地政学的変化の延長線上にあったのはいうまでもありません。一期しか務めていないこともあり、ポークは一般的に知名度の低い大統領ですが、アメリカを二つの海（大西洋・太平洋）に接する大国に育て上げたのは、紛《まぎ》れもなく彼の指導力によるものです。

しかし、アメリカを一気に拡大させたポークは、他方で国家の基盤を脆《もろ》くしました。先述したテキサスが奴隷州として合衆国に加わったことで、奴隷制支持派と不支持派のバランスが崩れたのです。これにより、新たに獲得した領地で奴隷制を容認するか否かの論争が一層過熱し、アメリカの分断は深刻化します。これが南北戦争の導火線となります。

普段から水しか飲まず、人間的な面白みを欠き、その生真面目《きまじめ》さから煙《けむ》たがられたポークですが、彼はアメリカの発展に命をささげた大統領でもありました。それゆえ燃え尽きたのか、退任後わずか四カ月でこの世を去ります。それは五十三歳の早すぎる死でした。

12&13
南北戦争回避に力を尽くしたザカリー・テイラーとミラード・フィルモア

在任中に急死した国民的英雄

一八四六年に始まった米墨戦争は、アメリカを太平洋岸へと至る国家に変容させただけでなく、のちの南北戦争の導火線ともなる重大な事件でした。そして、この米墨戦争の生んだ英雄が第十二代大統領となるザカリー・テイラーです。

戦争の英雄がのちに大統領になる――このような経歴は、米英戦争で一躍、国民的英雄となったアンドリュー・ジャクソン（第七代大統領）とも重なります。しかし、両者の類似性は表面的で、その中身はかなり違います。ジャクソンは民主党を結党し、ジャクソニアン・デモクラシーを生み出しましたが、テイラーは生粋《きっすい》の軍人で、政治には全く関心がありませんでした。それは、彼が大統領に就任するまで一度も選挙において投票したことがなかったという史実が如実《にょじつ》に示しています。

また、出自も異なります。貧しさゆえに学校にすら通えなかったジャクソンに対して、テイラーはバージニア州の大農園を所有する家に生まれました。その後、両親が西部開拓に夢をはせてケンタッキー州に移り、彼はこの地で育ちます。

新生活が軌道に乗るにつれ、実家は次第に裕福になり、同州で広大な農地と多数の奴隷《どれい》を持つに至りました。しかし、そこはあくまでフロンティア。教育はまだ整備されておらず、テイラーはもっぱら父から教育を受けました。それゆえ、彼の難読な筆跡は今でも研究者泣かせで

ザカリー・テイラー（1784〜1850）

す。

テイラーは二十四歳のときに陸軍に志願。米英戦争や数々の対インディアン戦争に従軍し、勇敢で優れた指揮官として次第に名声を高めていきます。

こうして軍歴四十年、政治と無縁の人生を歩んでいたテイラーですが、思いがけず大統領候補に名が挙がります。前回の大統領選挙に敗れたホイッグ党が、国民的英雄の地位を得ていたテイラーに目を付け、彼を担ぎ出したのです。

これが功を奏し、選挙で圧勝して待望のホイッグ党政権が誕生します。当初、党の重鎮たちは政治経験のないテイラーを裏から操れると期待したのかもしれません。ところが、このもくろみは外れました。テイラーは独立した強いリーダーシップを発揮したのです。

他方、新大統領誕生にわきかえるアメリカでは、全米を揺るがす出来事が起きます。米墨戦争でメキシコから割譲を受けたカリフォルニアで金が見つかり、空前の民族大移動――ゴールドラッシュが起きたのです。一攫千金《いっかく》目当ての人々が全米各地から殺到した結果、カリフォルニアはわずか一年で州昇格へ必要な人口を確保しました。

ここに来て、重大な問題が発生します。カリフォルニアを奴隷制が禁じられた「自由州」として合衆国に組み込むのか否かという問題です。当時のアメリカは、南部の奴隷州、北部の自由州ともに十五の同数で均衡《きんこう》していました。つまり、カリフォルニアの組み込みによってその均衡が崩れるために、大変な議論を巻き起こしたのです。

　テイラー自身は、黒人奴隷を使用する農園主だったものの、新たに獲得した領土に奴隷制を拡大することには反対でした。一方で、テイラーの姿勢に不満を抱く南部諸州が連邦から離脱の動きを見せると、彼は合衆国の利益を何よりも優先させ、こうした動きに強い態度で臨んで国家の分裂を阻止します。

　しかし、テイラーは就任十六カ月後の一八五〇年に急逝してしまいます。もし、国家の将来を重視していたテイラーがもう少し大統領職を務められていたなら、奴隷制をめぐる南北対立は違った方向性を見せていたかもしれません。

ミラード・フィルモア（1800〜74）

日本にペリー提督を派遣

テイラーの急死によって突如《とつじょ》第十三代大統領へと昇格したのが、副大統領だったミラード・フィルモアです。マシュー・ペリー提督率いる黒船艦隊を、日本へ向かわせた大統領としてご記憶の方も多いでしょう。

フィルモアはニューヨーク州の片田舎の小さな丸太小屋で生まれました。生家は貧しい小作人農家で、生活は常に厳しく、食事すらままならない中で必死に働きました。そのため、彼は十九歳まで教育を全く受けていません。

幸い、彼は勉強熱心で頭がよく、やがて独学で法曹資格を得ます。その後、下院議員に当選し、政治家としての実績を着実に積んでいきます。ただ、当時はほかにも多くの有力政治家がいたため、激しい権力闘争の中では、大統領候補に指名される機会はつかめずにいました。

こうした中、フィルモアはテイラー政権の副大統領に就任します。そして、日陰のポストで政治生命が終わるはずのところ、大統領の椅子《いす》が回ってきたのです。

フィルモアがまず直面した課題は、カリフォルニアを自由州として迎え入れる代償として、南部に何を与えるか、ということでした。彼は残された旧メキシコ領土のうち、各地域が奴隷制をどうするかは、将来その地に居住する住民に委《ゆだ》ねるとし、さらに、南部が求めた「逃亡奴隷取締法」の改正・強化を実施しました。

これによって、連邦政府は南部から北部へ逃亡した奴隷を捕まえて送還する義務を負うことになりました。これがアメリカ史上に悪名高い「一八五〇年妥協」で、奴隷制の存続を絶対悪と考える一部の北部指導者たちには到底容認できない行為でした。

この「妥協」により、辛《かろ》うじて国家分裂の危機は回避できたものの、南北双方に禍根《かこん》を残し、その亀裂はますます深まっていくことになります。フィルモアの歴史的評価が低いのはこのためです。

後世の歴史家らは、「一八五〇年妥協は南北戦争の勃発《ぼっぱつ》をわずか十一年足らず遅らせただけで、結局は国家の『分断』を避けられなかったではないか」とテイラーやフィルモアを批判します。しかし、北部経済が大きく成長できた十一年間の猶予《ゆうよ》があったからこそ、のちの南北戦争で北部が南部に勝利し、結果的に合衆国の「分裂」という最悪の事態を抑え込むことができたともいえます。

南北戦争については、あらためて言及しますが、北部は資金力や武器・弾薬の豊富さで南部を圧倒しました。もし、「一八五〇年妥協」の時期に南北戦争が起こっていれば、ゴールドラッシュによる北部諸州の鉱業勃興が間に合わず、北部が南部に敗北する可能性は十分にありました。つまり、南部が合衆国から分離・独立することになったのかもしれないのです。そうなれば、のちの世界史は全く違った様相を呈《てい》していたでしょう。

14 南北戦争への導火線に火をつけた フランクリン・ピアース

南北分断のさらなる進行

日本の皆さんはマシュー・ペリー提督の行動に対して、「大国アメリカが強大な国力を背景に、幕府に武力をちらつかせて強引に開国を迫った」との印象を抱《いだ》かれているかもしれません。しかし、このときのアメリカは強いどころか、奴隷《どれい》制の是非をめぐって大きく動揺しており、南北分裂の危機に直面していました。その分断をさらに深刻化させたのが、米メディアにおける歴代アメリカ大統領ランキングで常に低位にとどまっている第十四代大統領フランクリン・ピアースです。

ピアースは、アメリカ北東部ニューハンプシャー州の裕福な地主農家に生まれました。父が教育を重んじたことにより、最終的には弁護士資格を得て、政界入りします。連邦下院議員、上院議員を歴任し、目立たない存在ではあったものの、徐々に将来の民主党を背負う実力者と見なされるようになります。こうした政治家としての豊富な経験にくわえ、一八四六年の米墨戦争に従軍したことによって、輝かしい戦歴も手にしました。

一八五二年に、民主党の大統領候補者を決定するための民主党全国大会が開催されます。しかし、本命と目されていた候補が急死してしまったため、投票を何十回繰り返しても過半数を獲得できる候補がいませんでした。その中で、端整な顔立ちで物腰が柔らかく、社交性にも富むピアースに注目が集まるようになります。こうして、当初は誰の念頭にもなかったピアース

フランクリン・ピアース（1804〜69）

が指名され、本選でも地滑り的な大勝を収めて大統領の座を射止《いと》めたのです。

しかし、ピアースは自信過剰な性格であったり、政治的なバランス感覚が乏《とぼ》しかったり、トップリーダーとしての資質に欠けるところが多々ありました。さらに深刻なのは、そうした事実に本人が全く無自覚だった点です。

他方、ピアースは公私にわたって多くの不幸に見舞われ、悲劇の大統領という側面も有しています。就任早々に副大統領を亡くしたほか、三人の子はいずれも早世《そうせい》。長男に至っては、大統領選の最中に鉄道事故で亡くなっています。事故では、ピアース夫妻のほか複数の関係者が同じ車両に乗っていたにもかかわらず、長男だけが唯一落命したのです。この思わぬ出来事で夫婦関係は疎遠となり、ピアースの生活は極めて寂しいものとなりました。

そうした精神状況が影響してか、ピアースは冷静な判断を欠き、致命的な失策を犯します。それが「カンザス・ネブラスカ法」への署名です。同法は、カンザスとネブラスカ地域に準州を設け、新たな準州が奴隷州・自由州のいずれになるかは、その地の新住民の意向に委《ゆだ》ねるというものでした。

この法律の最大の問題は、一八二〇年の「ミズーリ協定（妥協）」を無効化したことです。同協定には、「北緯三十六度三十分以北に新たに設けられる州では奴隷制度は禁止」と定められていますが、カンザス・ネブラスカ法によって、奴隷制の北部諸州への拡大が可能になってしまったのです。こうして南北対立が再燃し、「Doughface（北部自由州出身でありながら奴隷制に賛成した者）」と罵られたピアースは急速に求心力を失います。

さらに、新しい準州を自陣に取り込むべく、奴隷制賛成派・反対派の双方がこぞって新地に移住し、勢力争いを繰り広げます。両者のいさかいは絶えず、数々の殺傷・虐殺《ぎゃくさつ》事件が勃発し、「流血のカンザス（Bleeding Kansas）」との呼称が生まれました。結果的に、ピアースの愚策が南北戦争への導火線に火をつけてしまったのです。

日本に懸けた初代駐日公使

大統領としての評価が低いピアースですが、意外にも外交面では確実な成果をあげています。その中でも特に輝かしいのは、日米関係を進展させたことです。

民主党のピアースは、ジャクソン派らしく、熱心な領土拡張主義者でした。アメリカが西海岸にまで到達すると、次は太平洋に関心を抱くようになります。こうした拡張政策を後押ししたのが、国務長官のウィリアム・マーシーです。彼は特に中国に魅了され、東洋貿易の拡大を夢見ていました。

マーシーの外交指揮のもとで、日本にはタウンゼンド・ハリスが初代駐日公使としてやってきます。自ら望んで赴任した彼は、日本の潜在力を見抜き、日米修好通商条約を取りまとめます。

特筆すべきは、ペリーと同様にハリスもまた、日本の将来性に懸けていたことです。それは、彼の振る舞いが示しています。日記に「喜望峰《きぼうほう》（現・南アフリカ共和国南端）以東の最も優れた民族」とつづったハリスは、日本に対して理不尽な要求を突きつける欧州列強とは一線を画し、アメリカの経済的利益を確保しつつも、帝国主義から日本を守るような行動を取ります。

たとえば一八六一年、ハリスの通訳を務めていたヘンリー・ヒュースケンが攘夷《じょうい》派に暗殺された際には、「これは倒幕を狙った反政府テロであり、幕府に責任はない」との立場を堅持。英仏独蘭が強硬な抗議を展開する中、その動きには加担せず、むしろ仲裁に努めました。

「倒幕（明治維新）」「南北戦争」という重大な国内紛争の局面に、ほぼ同時期に直面していた日本とアメリカ。日米両国は互いの歴史の転換期に奇《く》しくも接近し、世界史のページに新たな関係を刻んだのです。これ以降のアメリカ大統領は、日本やアジアとの関係を意識するようになります。こうして、アメリカはピアースによって、現在まで続く太平洋国家を確立しました。

15

大局を見誤り、国家の分断を招いたジェームズ・ブキャナン

家族の縁が薄かったブキャナン

アメリカでは、これまでさまざまな機関が「大統領ランキング」を発表してきています。そのランキングにおいて、内政や外交上の失策、あるいは政権運営の失敗などから、常に低位にとどまっている人物が何人か存在します。第十五代大統領ジェームズ・ブキャナンもその一人で、近年、米国内で盛んになっている歴史の再評価からさえも取り残されている人物です。

ブキャナンは、奴隷《どれい》制を発端とする深刻な南北対立の解消に尽力しないばかりか、かえってそれを助長させる政策を取りました。その結果、「南北戦争」をもたらした張本人として歴

史に名を刻んでいます。

また、「一部の熱狂的な有権者の支持を得られればよい」との浅薄な考えや、自分の能力を過信し、多様な意見に耳を貸さずに国家の大局を見誤る狭量さが、ドナルド・トランプ（第四十五代大統領）と似通っているところがあるとの指摘もあります。

のちに、ペンシルベニア州出身の唯一の大統領となるブキャナンは、持って生まれた容姿と弁舌の才に恵まれ、若くして成功をつかみます。腕利きの弁護士として地元の人気を得て、州議会議員として政界入り。その後は、連邦議員選挙に当選して下院議員を十年務めた後、上院議員に転出します。

もともとフェデラリスト（連邦主義者）だった彼は、反連邦主義（州権主義）のアンドリュー・ジャクソン（第七代大統領）が民主党を立ち上げると、すぐにくら替えして彼を懸命に支えます。その献身ぶりが認められ、ジャクソン政権でロシア公使、ジェームズ・ノックス・ポーク（第十一代大統領）政権で国務長官、フランクリン・ピアース（第十四代大統領）政権でイギリス公使を務めるなど、一貫して外交分野でキャリアを積んでいきました。そのため、民主党一強の時代に、党内が紛糾するややこしい政治問題や派閥抗争にも巻き込まれずに済みました。こうして党派色に染まらなかったことが、のちに功を奏します。

ブキャナンは、民主党の大統領候補の指名獲得に三度失敗したものの、一八五六年についに指名を獲得。大統領選挙に勝利したブキャナンはすぐに組閣に取り掛かりますが、意外にも彼は南部出身の友人たちを次々と閣僚に任命していったのです。

なぜブキャナンは、自らの政治的地盤である北部出身者ではなく、南部の友人たちを選んだのか。そこには、家族との縁が薄かった彼の半生が強く影響しています。

ブキャナンは、十一人兄弟の二番目として生を受けましたが、彼が五十歳になるころには、家族のほぼ全員が死去していました。また、若き日に婚約者とささいなことでけんか別れし、やがて彼女が自殺してしまうという痛ましい出来事も経験しています。事件の衝撃から、ブキャナンは生涯独身を貫き、未婚だった唯一の大統領でもあります。

そんな彼の寂寥感《せきりょうかん》を癒《い》やし、「疑似家族」となったのが南部の人々だったのです。下院議員

ジェームズ・ブキャナン（1791〜1868）

時代、独身者向けの議員官舎では、奴隷制を支持する南部諸州の同僚らがブキャナンの親友となりました。

日本には「同じ釜《かま》の飯を食う」という言い回しがありますが、毎日を家族のように過ごし、苦楽を分かち合う関係は、時に強靱《きょうじん》な連帯感を生じさせます。ブキャナンにとっては、南部の人々こそ気の合う仲間であり、心を許せる唯一の家族だったのです。

こうして彼は、「最後のジャクソン派」にして、「Doughface（奴隷制度に賛成した北部自由州の議員）」の中心的存在として、政治を推し進めていきます。

南北双方に見放された大統領

権力者におもねる側近政治は、往々にして大衆世論に鈍感で、大局的な見地から時代の行く末をなかなか見抜くことができません。ブキャナン政権も、その例外ではありませんでした。

ブキャナンが関わった二つの象徴的事件があります。一つは、「ドレッド・スコット対サンフォード事件」です。同事件は、一八五七年、合衆国最高裁が、①アフリカの黒人の子孫らは、奴隷か否かにかかわらずアメリカ市民になれない　②連邦議会は領土内の奴隷制を禁じることはできない——との判決を下したものです。

この結果に、奴隷制廃止を訴える人々は憤激し、南北対立は激化します。この判決はブキャナンの就任直前に出されましたが、実は大統領就任が内定していた彼は、最高裁の首席判事に、南部にとって有利な判決を下すよう不当な働きかけをしていたのです。

もう一つは、カンザス州のルコンプトン憲法（ルコンプトンは当時の州都）への露骨な政治介入です。当時のアメリカにおける「州」への昇格は、まず州議会が州の憲法を制定し、連邦議会での投票を経《へ》て認められることになっていました。州の権利を尊重する立場から、「大統領は介入しない」ことが前提だったのです。ところが、ブキャナンはその慣例を破り、奴隷制支持派が作成した憲法を奨励。カンザスが「奴隷州」となるように仕向けたのです。

最終的にこの介入は失敗に終わりましたが、北部の人々は「大統領が州の権限を蔑《ないがし》ろにした」と激怒。また、南部の人々も結果的に同憲法が連邦議会で否決されたことから、ブキャナンの指導力に疑念を抱《いだ》きます。こうして彼は、南北双方から見放され、政治的求心力を急速に失うのです。

ブキャナンのこうした過《あやま》ちからは、三つの普遍的な事実をくみ取ることができます。一つ目は、国家の指導者は民意の多様性に配慮し、人々の幸福を最大限に追求する政治を行い、国家の融合に尽力すべきこと。二つ目は、支持基盤のみに向けられた政治の遂行は、深刻な国家分断を招いてしまうこと。三つ目は国家の分断を見過ごせば、やがて紛争へ発展し、国家は大きく傷つくこと。

この後アメリカは、南部のいくつかの州が合衆国からの離脱に踏み切ります。そして、南北戦争という未曽有《みぞう》の戦いへと突入していくのです。

第3章

南北戦争と西部開拓期

ミネソタ
ニューハンプシャー
ウィスコンシン
バーモント
メーン
ニューヨーク
マサチューセッツ
ミシガン
オハイオ
ロードアイランド
コネティカット
アイオワ
ペンシルベニア
イリノイ
ニュージャージー
D.C.★
デラウェア
メリーランド
ミズーリ
バージニア
ノースカロライナ
サウスカロライナ
ジョージア
1861
フロリダ
アラバマ
テネシー
ケンタッキー
インディアナ
ミシシッピ
ルイジアナ
アーカンソー
州
準州
組織化されていない領域
係争地
アメリカ連合国
※太字は州に昇格した領土

アメリカ領土と州

(1861年)※南北戦争

16 国家を分断の危機から救った類いまれな指導者エイブラハム・リンカーン

初代大統領ジョージ・ワシントンと比肩し得る人物

第十六代大統領エイブラハム・リンカーンは、アメリカ史上最も評価すべき大統領の一人といっても過言ではありません。優れた人間性と卓越したリーダーシップをもって南北戦争に勝利し、国家の分断を回避したからです。

彼はアメリカ史において、リベラル（自由主義）なアメリカ社会を目指し、その創造を実現した人物でもあります。特に、「国家が特定の人種（黒人）を擁護《ようご》する責務がある」という人道性と多様性を重んじる姿勢を鮮明にし、〝第二のアメリカ建国〟を果たしました。

そのほか、初の共和党出身の大統領として、現在に続く同党の父としての歴史的位置づけも重要です。これらの不滅の功績から、初代大統領のジョージ・ワシントンと比肩《ひけん》し得《う》る人物であると私は考えています。

アメリカでは十九世紀前半から、奴隷《どれい》制の是非をめぐる南北対立が深刻化していきます。特に、フランクリン・ピアース（第十四代大統領）とジェームズ・ブキャナン（第十五代大統領）が、カンザス・ネブラスカ法（新たに州に昇格する地域での奴隷制採用を住民投票に委《ゆだ》ねる法）への対応で愚策を重ね、南北間の対立は決定的なものとなりました。

こうした中で行われた一八六〇年の大統領選では、奴隷制拡大阻止を訴えるリンカーンが共和党から出馬。政治経験の浅さというハンディを克服して当選します。

しかし、奴隷制に嫌悪感を抱《いだ》く大統領の誕生は、南部諸州に強い危機感を抱かせました。人権の概念が未成熟だった当時のアメリカでは、黒人奴隷は「個人の私有財産」と見なされていたのですが、個人資産の問題に政府が介入するのは法的見地から難しかったのです。

リンカーン自身も、当初は奴隷制の廃止までは考えていませんでした。あくまでも、新州における奴隷制拡大を食い止めたかったのです。現代では、一般的にリンカーンが奴隷解放の立役者と見なされていますが、実際にリンカーンが何よりも重視したのは、アメリカ合衆国の存続と繁栄でした。それゆえ、大統領当選直後は南部の離脱につながるような行為を慎《つつし》んでいたのです。

国家に甚大な損害をもたらした南北戦争

ところが、リンカーンに不信を抱いていた南部の複数の州が、一気に連邦離脱に踏み切ります。大統領選のわずか一カ月後には、サウスカロライナが離脱。続いて、アラバマ、フロリダ、ジョージア、ルイジアナ、ミシシッピの五州が合流。これら六州は、一八六一年二月に「アメリカ連合国（南部連合）」を建国し、新大統領に元連邦上院議員のジェファーソン・デイヴィスを担ぎ出します。

その後、リンカーンが同年三月に合衆国大統領に就任すると、テキサス州を加えた南部連合は、サウスカロライナ州チャールストン港にある要衝《ようしょう》「サムター要塞《ようさい》」を砲撃。同年四月十二日、南北戦争の火ぶたが切って落とされました。

リンカーンは、ただちに要塞奪還と南部連合に対する徹底抗戦を呼びかけたものの、これが逆効果となります。連邦に踏みとどまっていた南部州の感情を逆なでしてしまい、バージニア、ノースカロライナ、テネシー、アーカンソーの四州が、新たに南部連合に加わってしまったのです。

その南部連合には、米墨戦争を戦った名将ロバート・E・リーをはじめ、優秀な指揮官がそろっていました。そのうえ、銃の扱いに慣れていた南部兵士たちの士気は高く、北軍（合衆国軍）は序盤から中盤にかけては苦戦を強《し》いられます。それは戦局の悪化を嘆《なげ》いたリンカーンが、一時再選をあきらめるほどの劣勢でした。

南北戦争は四年の長きにおよび、南北合わせて六十万を超える人命が失われました。この被害規模は、当時のアメリカの人口（およそ三千百万人）を考慮すれば、とてつもない数字です。また、第一次世界大戦の戦死者約十二万人、第二次世界大戦の戦死者約四十二万人を凌駕《りょうが》するほど、アメリカを深く傷つけた戦争だったのです。

未曽有《みぞう》の被害をもたらした戦争は、勇敢な将軍ユリシーズ・グラント（第十八代大統領）の登場もあって、次第に北部が劣勢を挽回《ばんかい》していきます。また、経済に支えられた工業・科学技術力や人口比率二対一の優位性なども、時を経《へ》るごとに戦局を北部に有利なものにしていきました。こうして、南北戦争は北軍が勝利し、アメリカは国家分裂を回避したのです。

試される共和党の歴史

北部には勝利のための好条件がそろっていましたが、やはり、北部を最終的に勝利者たらしめたのは、リンカーンの人格、度量、識見などの特質でした。

ケンタッキー州辺境の丸太小屋に生まれたリンカーンは、幼いころから肉体労働に汗を流し、その合間に勉学に打ち込みました。教育熱心な義母の勧めで伝記、文学、冒険譚《たん》などを学んだのです。この時の鍛えが、政治家としての数度の落選や政治的難局に立ち向かう精神的なタフさを醸成し、民衆を惹《ひ》きつけるユーモアやたくみな演説力の源泉となったのです。

エイブラハム・リンカーン（1809〜65）

また、リンカーンには政敵や異なる立場の人々を受け入れる寛容さがありました。彼は組閣の際、挙国一致の体制を構築すべく、あえて強力なライバルたちを政権に迎え入れました。ウィリアム・スワードを国務長官、サーモン・チェイスを財務長官、エドワード・ベイツを司法長官にと、党予備選を争った人物たちを閣僚に指名します。異なる価値観を持った野心家たちを抱き込むことで、政権は多様性が担保され、政治的求心力も高まったのです。

個人としては他者に寛容に接するリンカーンでしたが、指導者としてはリアルポリティーク（現実政治）の観点から、計算し尽くした冷徹さを見せるときがありました。

たとえば、南北戦争の際には、その戦力差を見極め、多大な犠牲を厭《いと》わぬ持久戦・消耗戦をもって南部を制します。また、敵のスパイ網を一網打尽にすべく、最高裁の違憲判決を無視してヘイビアス・コーパス（人身保護令状）を停止し、彼らを「推定有罪」で多数逮捕・拘禁しました。

それでも、リンカーンには人情の機微《きび》に通じ、時代を見誤らない大局観がありました。そんな彼の人となりを示すのが、戦死した息子を持つ母親たちに追悼《ついとう》の手紙をつづったという事実です。彼は母親たちに直筆で手紙を書き、心のこもった美文をもって、その心痛に寄り添いました。

ほかにも、有名なゲティスバーグ演説では、「黒人奴隷の解放」という崇高《すうこう》な理念を掲《かか》げ、南北戦争の大義を「合衆国の存続」から「人道のための戦争」へと瞬時に転換させ、北部の厭《えん》戦《せん》気分を一気に吹き飛ばしました。

リンカーンは当初の予想に反して、一八六四年の大統領選挙に圧勝。政権第二期をスタートさせますが、南北戦争終結のわずか五日後、夫人と観劇中に南部びいきの俳優に狙撃されて落命。不幸にも、暗殺された最初のアメリカ大統領となりました。

リンカーンは命を賭《と》してリベラルなアメリカを築き、共和党の党風を確立しました。しかし、現在の共和党を見ていると、かつての崇高な理念はもはや存在しないことがわかります。

リンカーンを祖として、自由で多様性のあるアメリカを実現した共和党。輝かしき栄光と歴史を持つ同党ですが、このままではその威信を失い、行く末には悲劇的な終焉《しゅうえん》が待ち受けているかもしれません。

国家の「実験」を継続したリンカーン

米史上最大かつ唯一の内戦を前に、目指す国家像が異なる南部を突き放し、アメリカという「連合」の解体を黙認することもできたはずです。しかし、リンカーンは偉大なるアメリカの「実験」の継続を重視し、開戦を決意しました。

そして、多くの市民が理解しやすく、共感もしやすい「黒人奴隷解放」の大義を後から掲げ、世論の支持を得て戦争を有利に遂行したのです。結果として多くの流血を伴ったものの、合衆国の分裂は阻止できました。

ここで留意すべきは、リンカーンの目的は黒人奴隷を解放することではなく、あくまでも祖国を弱体化させる「分断」を阻止することだったという点です。むろん、それに付随する形で奴隷制が根絶したという事実も見逃せません。

もし、このときリンカーンが率いる北軍が敗れていたならば、アメリカは東西四千五百キロもの長き国境線を接する国家との対立を強いられ、世界に広く関与する余裕はなかったでしょう。つまり、現在の超大国としてのアメリカはなく、世界の自由主義の発展も阻害《そがい》されていたに違いありません。

17 リンカーンの夢を頓挫させたアンドリュー・ジョンソン

共和党政権下の民主党大統領

南北戦争終結後、エイブラハム・リンカーンは二期目の施政に着手しますが、戦争に敗れた南部に共感する暗殺者の凶弾に倒れました。それにより、副大統領から昇格したのが第十七代大統領のアンドリュー・ジョンソンです。

しかし、この通例がアメリカ史的にも稀有《けう》な政治現象を引き起こします。すなわち、政権与党が共和党であるにもかかわらず、行政府の長たる大統領職に、民主党員が就《つ》くという〝ねじれ〟が生じたのです。

南北戦争勃発《ぼっぱつ》当時、ジョンソンはテネシー州選出の上院議員でした。奴隷《どれい》制反対を標榜《ひょうぼう》するリンカーンが大統領選に勝利すると、同州を含めて南部十一州が連邦から次々と離脱します。その中で、ただ一人孤塁《こるい》を守ったのがジョンソンでした。

彼は、強大な国家を志向したアンドリュー・ジャクソン（第七代大統領）の思想的系譜に連なる立場から、南部諸州の離脱には批判的で、連邦の維持を訴えるリンカーンを支持。十一州選出の上院議員がこぞって首都を去る中で、唯一、ワシントンにとどまったのです。

この行動によって、リンカーンの信任を得たジョンソンは、地元テネシー州の軍政長官に任命され、反乱鎮圧と戦後のリコンストラクション※を担います。

続く、一八六四年の大統領選挙では、再選を目指すリンカーンの副大統領候補に抜擢《ばってき》されます。ちなみに、このとき二人は、選挙を目的として臨時に結党された「国民統一党」から立候補します。これは合衆国の融和を優先し、超党派政権を演出するためです。

かくして、民主党員でありながら、副大統領になったジョンソンですが、その人選に当たって、その性格や能力、イデオロギーは全く考慮されませんでした。事実、彼は出身の南部に対して強いシンパシーを抱《いだ》き続け、奴隷制についても「問題である」との認識は皆無でした。それでも、副大統領になれたのは、同職が名誉職的な位置づけであったことにくわえ、リンカーンが暗殺されるような事態を、誰も想定していなかったからです。

結局のところ、ジョンソンはリンカーンの〝制度上の継承者〟でしかありませんでした。リンカーンが命を賭《と》して築いた「黒人にも自由が与えられ、多様性を有するアメリカ社会」という理想は、全く共有していなかったのです。それどころか、南部が従来どおりに黒人を差別しようとするのを看過するなど、連邦よりも各州の権利が優先されるべきと考えていました。

国家分断の端緒を再び開く

大統領となったジョンソンには、重要課題が二つありました。一つは、数百万人におよぶ黒人奴隷の処遇。もう一つは、南部十一州の連邦への復帰です。

リンカーンの施政に異を唱えていた共和党急進派は、「南北戦争に勝利したのは北部であり、

アンドリュー・ジョンソン（1808〜75）

南部は敗者として厳しく処罰されるべきである」と主張していました。それゆえ、この二つの課題には、北部の意向が反映されるべきと考えていたのです。

これは、南部出身のジョンソンとは相いれない考え方であり、必然的に政治対立が生まれました。そのうえ、さらに政争を激化させたのは、粗野《そや》で思慮を欠くジョンソンの振る舞いです。彼は、リンカーン以上に苦学を重ねて世に出た人物でありながら、人情の機微《きび》に疎《うと》いところがありました。

ジョンソンは権力の座につくと、あえて議会閉会中の時期を狙って特赦《とくしゃ》を発令し、南部指導者らの復権に助力します。くわえて、没収したプランテーション（大農場）の返還にも踏み切りました。南部を「敗者」ではなく、「かつての仲間」として迎え入れようとしたのです。

やがて、政治力を挽回《ばんかい》させた南部指導者らは、「ブラックコード（黒人取締法）」と総称される法律を矢継ぎ早に制定します。無職や住所不定の浮浪者を取り締まるという名目で、黒人差別を合法化したのです。さらには、低賃金で強制労働に従事させるなど、疑似的な奴隷制を復活させていきます。

これには、共和党急進派が怒りを爆発させました。多くの人命と引き換えに南北戦争で勝利を得たのに、平然と戦前の状態に回帰させようとする南部の行動を暴挙と捉《とら》えたのです。

そこで彼らは、一八六五年の連邦議会で「南部再建への合同調査委員会」を設置し、ジョンソンと徹底対峙《たいじ》する意思を示します。そして、翌年にはアメリカ史上初の公民権法を通過させ、さらに、憲法修正第十四条を一気に制定します。これにより、解放された元黒人奴隷には市民権が与えられ、司法手続きなしに生命・財産・自由を奪うことは禁じられました。

この修正第十四条について、テネシー州を除く南部諸州は反対し、批准《ひじゅん》を拒否します。こうした抵抗に対して、共和党急進派は対抗措置として「再建法」を制定。南部諸州を合衆国軍の軍政下に置くことを決定します。

この再建法に対して、今度はジョンソンが拒否権を発動します。さらに、軍政遂行には陸軍長官の協力が不可欠となるため、長官の解任に向けて動き出しました。すると、共和党急進派は、この一手を封じようと大統領の人事権を奪おうとしたのです。

こうして、陸軍長官の更迭《こうてつ》をめぐって、アメリカ史上初の大統領弾劾《だんがい》が起こります。弾劾案は、最終的に上院においてわずか一票差で否決されました。辛《かろ》うじて罷免《ひめん》を逃れたジョンソンでしたが、政治的致命傷を負い、リンカーンの残任期間を務め上げると退任を余儀《よぎ》なくされます。

しかし、ジョンソンが失脚した後も、南北分断は収束へと向かうことはありませんでした。連邦には復帰したものの、再建法の再可決によって軍政下に置かれることになった南部では、北部への反逆精神の象徴として「クー・クラックス・クラン」（略称：ＫＫＫ、白人至上主義の秘密結社）が強い支持を得て、黒人に対する陰惨《いんさん》なリンチや、露骨な差別が繰り返されました。さらに、憲法規定の抜け道を利用して黒人に対する差別も制度化されていきます。

その結果、リンカーンの夢の実現は、約一世紀後の公民権運動を待たなければなりませんでした。

※リコンストラクション……南部再建のこと。南北戦争後、アメリカ南部を合衆国に再統合する、アメリカ史における再建期。占領下に置かれていた南部諸州へ連邦軍を派遣して、黒人の解放と権利付与を強制した。

18 よき友人として日本に対等に接したユリシーズ・グラント

南北戦争における北軍の英雄

日本の野球界には、「名選手、必ずしも名監督にあらず」との言葉があります。それを今回のユリシーズ・グラントに当てはめると、「名将、必ずしも名大統領にあらず」といえるかもしれません。

第十八代大統領のグラントは、南北戦争で北軍を勝利へと導いた英雄です。南北戦争の勃《ぼっ》発《ぱっ》と同時に陸軍に再志願した彼は、一度は断られたものの、粘り強くアピールし、大佐として任官します。

かくして、勇猛果敢な指揮で敵の大軍に勝利したグラント。その存在を聞きつけたエイブラハム・リンカーン（第十六代大統領）は、即座に彼を少将に抜擢《ばってき》します。極めて異例な人事に軍部から異議が出ても、リンカーンは全く耳を傾けようとしませんでした。

こうして、リンカーンに見いだされたグラントは、その期待に応え、苦戦続きの北軍を立て直します。その後、北軍の総指揮官として、南軍のロバート・E・リー将軍を降伏させ、アメリカの分裂を阻止したのです。

このように、生粋《きっすい》の職業軍人として人生の大半を過ごしたグラントですが、そのキャリアは意外な形でスタートします。本人の知らないところで、父親がニューヨーク州の陸軍士官学校（ウェストポイント）への入学手続きを勝手にしたのです。

同校を真ん中ぐらいの成績で卒業すると、ザカリー・テイラー（第十二代大統領）将軍のもとで米墨戦争に従軍し、軍功を積み上げていきます。ところが、戦争が終結すると、カリフォルニア州北部の辺境地警備の任務を命じられ、次第に心が荒《すさ》み、家族と離れて暮らす寂しさから酒にも溺れ、結果的に退役を余儀《よぎ》なくされました。

民間人となったグラントは、農場経営や不動産仲介業に手を出したものの、うまくいかず生活は困窮します。その最中に南北戦争が勃発し、窮地を脱するのです。

グラントの名将たるゆえんは、最高司令官としての大統領の権限を尊重し、文民統制の堅持に努めたことにあります。また、彼は大統領の描く大戦略（グランドストラテジー）を共有し、当時の最新技術であった鉄道と電信をフル活用する「新しい戦争」を理解し、その遂行に尽力しました。

具体的には、兵員輸送や物資補給に鉄道網を積極的に利用するとともに、電信を駆使して情報戦をも制して、従来の戦場の常識を覆《くつがえ》す迅速な指揮を披《ひ》露《ろう》したのです。こうした事実から、北軍の勝利は物量差だけではなく、技術革新によるところも大きかったことがわかります。

また、グラントは戦争の最終目標である「勝利」を常に追求しました。そのため、自軍の犠牲を厭《いと》わず、それがときに大きな損害をもたらします。特に、南北戦争時の「シャイローの戦い」では、わずか二日間で、味方の死傷者は約一万三千人にも上りました。

ユリシーズ・グラント（1822〜85）

腐敗にまみれたグラント政権

政治的野心がのないグラントでしたが、一八六八年の大統領選ではアンドリュー・ジョンソン（第十七代大統領）の弾劾《だんがい》を試みた共和党に担がれて出馬し、国民的名声を背景に圧勝します。ところが、「グラントの治世は最悪に近いものであった」というのが、長らく定説となっていました。

政治基盤のないグラントは、友人の実業家らを側近に重用しました。政治力を得た彼らは、職権を濫用《らんよう》して私欲に走り、主要なものだけで十二件におよぶスキャンダルを引き起こしています。

一方で、スキャンダルに対するグラントの対応にも問題がありました。彼自身は汚職や不祥事とは無関係でしたが、軍人として将兵を守る習癖《しゅうへき》が出たのか、不祥事を起こした閣僚をかばったのです。こうした姿勢が、「政権腐敗を容認している」と批判の的《まと》になりました。

しかし近年、二期八年の任期を全《まっと》うしたグラントの指導力は、再評価される傾向にあります。たとえば、「黒人の権利を重んじ、公民権の獲得と権利の保護を南部諸州に力ずくで徹底した」といった点への評価です。

くわえて、グラントは日本との親善にも力を尽くしました。一八七一年、明治政府は「岩倉使節団」を欧米に派遣します。その目的の一つが、幕末期に締結した不平等条約の改正です。欧州列強がアジアの新興国・日本を劣等国と蔑《さげす》む時代に、グラントは使節団を歓迎しました。条約改正についても「両国の交流促進につながる」と支持し、これが次のラザフォード・ヘイズ大統領の政権下で、吉田・エヴァーツ条約として結実します。

大統領退任後、グラントは私財を投じて世界周遊旅行を行い、約二年かけて欧州、インド、清国（中国）、日本を訪れました。清国では、琉球（沖縄）の帰属をめぐる問題で、日本の主張を批判する李鴻章《りこうしょう》ら政府高官を制し、「日本が故意に貴国に損害を与えているとは考えにくい。これから日本へ赴《おもむ》くので、両国の平和に貢献したい」と語り、のちに日本にとって有利な裁定を私的に行います。

日本に到着したグラントは、政府から国賓としての歓待を受けました。滞在先の延遼館《えんりょうかん》では、明治天皇の訪問を受け、親しく語らっています。その中で、先の琉球問題のほか欧州列強のアジアに対する強硬姿勢を伝え、財政難を理由とする安易な外債発行の危険性を指摘するなど、日本の近代化における留意点を述べています。

そのほか、彼は日本の文化振興にも寄与しました。岩倉具視《ともみ》の招待で能楽鑑賞を行った際には、「伝統芸能は廃《すた》れやすいので、積極的に保護すべき」と語り、それが「能楽社」の設立につながりました。

このように、グラントは偏見や差別を持たず、対等な「よき友人」として日本に接し、適切な助言を行ったのです。ところが一部では、「この時代のアメリカの傲岸不遜《ごうがんふそん》な態度が、先の太平洋戦争の遠因になっている」との歪《ゆが》んだ歴史観が語られています。しかし、このグラントの行動からもわかるように、当時のアメリカは日本に魅《み》せられ、「やがてアジアを牽引《けんいん》するリーダーになる」との大きな期待と希望を抱《いだ》いていたのです。

19 前代未聞の妥協によってリコンストラクションを終わらせたラザフォード・ヘイズ

アメリカ政治史に残る不可解な大統領選挙

政権内に数々の汚職や不祥事を抱《かか》えながらも、久しぶりに二期八年の任期を全《まっと》うした第十八代大統領のユリシーズ・グラント。周囲は彼の三選出馬を強く望んでいましたが、「多選は民主主義を劣化させる」というジョージ・ワシントン（初代大統領）以来の慣例を重く受け止め、潔《いさぎよ》くその座を退きました。

しかし、グラントの不出馬によって、一八七六年の大統領選挙は、本命不在の大激戦となります。また、選挙の結果自体も、アメリカ政治史に刻まれるほど不可解なものになりました。

同選挙は、民主党のサミュエル・ティルデン（前ニューヨーク州知事）と共和党のラザフォード・ヘイズの間で争われ、ティルデンが優勢と見られていました。東部出身とはいえ、民主党のティルデンが、ここまで人気を獲得した事実は注目に値します。

その背景には、長らく続いた共和党政権に対する疲弊感が漂《ただよ》っていたこと、民主党が南北戦争を招来し、国家を分断させたという「負の記憶」が薄れつつあったことなどが挙げられます。

選挙人投票（総数三百六十九票）では、ティルデンの百八十四票、ヘイズの百六十五票まで確定したものの、残りの二十票に疑義が生じます。まず、フロリダ（選挙人四人）、サウスカロライナ（七人）、ルイジアナ（八人）の投票に不正が発覚。くわえて、オレゴン州の選挙人一人にも問題が見つかったのです。これら二十票が無効になった場合、ティルデンは過半数（百八十五票）に一票足りないことになります。合衆国憲法が想定していない前代未聞の事態を前に、アメリカ市民は先行きを注視しました。

連邦議会は一刻も早い事態収拾のため、民主・共和両党の議員や最高裁の判事ら十五人で構成される選挙委員会を設置。熟議の末、二十票すべてを「ヘイズ支持」と見なすことを決定します。その結果、百八十五票対百八十四票でヘイズは逆転勝利を収めたのです。選挙人票がわずか一票差で決着したのは、アメリカ史上初のことでした。

この結果に激高したのが、ティルデンを支持していた民主党員でした。具合の悪いことに、ヘイズ自身も最初は敗北を認めていたのです。さらに、選挙結果が非民主的な密室政治によって決まった事実も、後味を悪くさせました。この政治的危機を救ったのがティルデンでした。彼は懸命に支持者をなだめたうえで、潔く政界を引退し故郷へ帰ったのです。

他方、ヘイズも大きな譲歩を余儀《よぎ》なくされました。南北戦争後に実施されてきた「リコンストラクション」の終了を民主党に約束し、「一八七七年の妥協」とのちに呼ばれるこの取引によって、大統領就任への道筋を開いたのです。

ラザフォード・ヘイズ（1822〜93）

「一八七七年の妥協」が生んだ悪夢

混乱の末にようやく第十九代大統領の座を得たヘイズでしたが、その治世はさえないものとなりました。ヘイズは勤勉かつ努力家で、教養と見識と勇気を備えていました。よって、これは彼の力量不足に原因があったとはいえません。

彼の生い立ちを見ていくと、オハイオ州の母子家庭に生まれ育ち、苦学を重ねてハーバード大学法科大学院を修了。その後、弁護士として成功するという苦労人の歩みが垣間見えます。また、南北戦争が勃発《ぼっぱつ》すると率先して志願し、五度にわたり戦傷を負いながらも戦い続け、陸軍少将にまで上り詰めます。戦後は政界入りして、連邦下院議員やオハイオ州知事（三期）を歴任するなど政治に没頭しました。このように大衆の共感を得やすい出自と経歴を持ち、大統領職を担う才腕を持っていたのです。

ところが、就任をめぐる経緯から「His Fraudulency（いかさま閣下）」と揶揄《やゆ》され、最後まで政治的正当性を認められなかったのです。求心力に欠けるヘイズは、内政・外交ともに目立つ活躍はできませんでした。たとえば、内政にあっては縁故主義のスポイルズ・システム（猟官制）を廃止すべく、行政改革に着手したものの、道半ばで頓挫《とんざ》してしまいます。

外交では、一八七八年に日本と吉田・エヴァーツ条約（日本の関税自主権回復を定めたもの）を締結。翌年に批准《ひじゅん》書を交換していますが、英仏独の反対と、日本の国内事情から発効には至りませんでした。

そして、ヘイズの政権下における最も深刻な問題が、「一八七七年の妥協」によって民主党の南部支配が復活したことです。連邦政府の意思に背を向ける形で、露骨な黒人差別（ジム・クロウ法の制定など）が行われるようになりました。

その一つが、南部における黒人投票権への制約です。すでに、一八七〇年に批准された合衆国憲法修正第十五条において、選挙における人種差別は禁止されていました。しかし、南部は有権者登録の規定を州法で細かく指定。識字能力のない者の登録を困難にするなど、黒人の参政権を巧《たく》みに無効化していったのです。それは、南北戦争において多大な犠牲を払って得た「多様なるアメリカ」という価値が、奪われるのに等しい事態でした。結局、この問題の最終的な解決は、一九五〇年代以降の公民権運動まで待たねばなりません。それゆえ、「一八七七年の妥協」はアメリカ史上の汚点になっています。

しかし、私の考えでは、これは厳しすぎる評価に映ります。なぜなら、このときの連邦議会は民主党が多数派を占めており、南部における占領政策を継続したくても、関連予算を付与し得る見込みが皆無だったからです。そのうえ、南部では連邦軍や黒人に対するテロ事件が絶えず、連邦政府の虚脱感は限界点に達しつつありました。

こうした事実を踏まえれば、「リコンストラクション」を終わらせたヘイズの行為は、現実的なものであったとの結論づけも可能となります。

20&21 猟官制改革に先鞭をつけたジェームズ・ガーフィールドとチェスター・アーサー

金ぴか時代の到来

共和党による南部再建策が頓挫《とんざ》すると、政界には黒人解放問題に対する徒労感が漂《ただよ》いました。その最中に訪れたのが、「Gilded Age（金ぴか時代）」です。この「Gilded Age」には「金メッキ」との意味合いがあります。

命名は、『トム・ソーヤーの冒険』で日本でも親しまれている作家のマーク・トウェインで、急激な経済成長に伴う拝金主義社会を皮肉って名づけられました。すなわち、輝いているのは表向きだけであって、中身は本質的に旧態依然という矛盾《むじゅん》を突いたのです。

当時のアメリカは、中国人労働者らの手により、一八六九年に東西両海岸を結ぶ大陸横断鉄道が完成。また、〝機会の国〟アメリカに魅《み》せられた欧州からも移民が次々に押し寄せました。

安価で豊富な労働力を手に入れた大資本家(当時は泥棒男爵〈Robber Baron〉と揶揄《やゆ》されていた)らは、莫大《ばくだい》な富を手にし、政界に隠然《いんぜん》たる力を発揮するようになります。政府に高関税による保護貿易を求めたり、労働者のストライキ差し止めを要求したりするなど、財界優位の政策を強力に推進したのです。

こうして、社会における経済格差が一気に拡大する一方で、連邦議会は内紛に明け暮れていました。南北戦争以降、敗者に転落していた民主党は「何でも反対」の政党に凋落《ちょうらく》し、共和党の黒人解放政策を骨抜きにすることに執着していたのです。悲しいことに、勝者であるはずの共和党も、南北戦争期にあった黒人解放への使命感と情熱を徐々に失っていきました。

なお、この時代の大統領には、アメリカ史上でも知名度の低い人物が並びます。理由は、共和党内の派閥抗争によって大統領が指導力を発揮できなかったこと。そして、連邦議会の影響力が極めて強い時代だったことが関係しています。

当時の共和党では、二人の派閥領袖《りょうしゅう》がしのぎを削っていました。スポイルズ・システム(猟官制）を擁護《ようご》するニューヨーク州選出のロスコー・コンクリング上院議員と、公正な資格任用制（採用試験）実施に基づく官僚制度改革を唱えるメーン州選出のジェイムズ・G・ブレイン上院議員です。

「愛党派（Stalwarts）」を自称するコンクリングらは、対立相手を「混血派（Half-Breeds）」（半分しか共和党員ではないとの侮蔑《ぶべつ》）と中傷し、目指すべき国家像をめぐって激しく衝突しました。そして、その一大決戦の舞台となったのが、一八八〇年の大統領選挙です。

金権政治家アーサーの変貌

同選挙では両派閥一歩も譲らず、候補者選びが難航。妥協案として浮上したのが、のちに第二十代大統領に就任するジェームズ・ガーフィールドでした。

「最後の丸太小屋出身の大統領」といわれた彼の生い立ちは、大変貧しいものでした。幼くして父を亡くし、母子家庭に育った彼は、やがて船員になるも体を壊して退職。大工仕事をしながら大学へ進学します。

南北戦争が勃発《ぼっぱつ》すると、奴隷《どれい》制断固反対の信念から北部軍に志願。一兵卒から少将にまで昇任します。政界転身後は、一八六三年から十七年連続で連邦下院議員を務め、決して目立ちはしないものの、同僚議員から一目置かれる存在となりました。

そんな彼が大統領の座を射止《いと》めたのは、派閥に属していなかったことにくわえ、人当たりがよく、皆から好かれる存在だったことが挙げられます。知性と教養と雄弁さを併《あわ》せ持ち、容姿と体格にも恵まれ、政敵もほとんどいませんでした。換言すれば、政治的野心がなく、誰に対しても脅威《きょうい》ではなかったことが奏功《そうこう》したのです。

やがて、大統領になったガーフィールドは、派閥均衡《きんこう》人事に腐心しつつ、連邦議会に圧迫されていた大統領権限の回復に努めました。そして、猟官制改革に乗り出します。ところが、就任わずか半年後にワシントンの鉄道駅で銃撃され、感染症に苦しみながら二カ月後に逝去。リンカーンに次ぐ二人目の暗殺事件の犠牲者となりました。

狙撃犯のチャールズ・ギトーは、一八八〇年の大統領選挙で勝手かつ精力的に共和党の応援

ジェームズ・ガーフィールド（1831～81）

をしていました。そのため、「大統領が当選できたのは自分のおかげであり、論功行賞として どこかの国の大使として任命されるべき」と確信していたのです。

猟官制の時代において、このように考える人は珍しくありませんでした。しかし、度重なるあっせん要請を拒《こば》まれたギトーは、自制心を失い、凶行に及んだのです。

ガーフィールドの後を継いだのは、副大統領のチェスター・アーサーでした。もともと、彼は愛党派領袖であるコンクリングの腹心であり、混血派のブレインがガーフィールド政権の国務長官に就任したことから、バランスを重視してポストを与えられました。

しかし、アーサーはぜいたくとおしゃれを好み、過去の素行にも問題がありました。ユリシーズ・グラント（第十八代大統領）政権下では、連邦職員の中で最高給かつ役得の多いニューヨーク税関長に就任し、私利私欲を満たしたのです。

それゆえ、彼の第二十一代大統領就任を多くの人々が憂慮《ゆうりょ》しました。ですが、大統領となったアーサーは、自らの政治の師であるコンクリングと愛党派の人々に見切りをつけ、国家の将来を見据《す》えた政策を果敢に打ち出します。

ちょうど、ガーフィールド暗殺で猟官制に対する世論の批判が高まったのを好機と捉《とら》え、「ペンドルトン法」を成立させ、試験や成績を重視する任用制を導入したのです。なお、同法の精神は現在も続いています。これにより官僚制度改革の先駆けとなったアーサーは、「行政の父」とたたえられるようになりました。

このほかにも、彼は中国系移民の完全な排斥《はいせき》に躍起《やっき》となる議会を諭《さと》し、移民制限の緩和にも尽力。多様性を国家の礎《いしずえ》とするアメリカの価値をしっかりと守りました。ところが、こうした積極的な行動が愛党派の猛反発を買います。また、自身の体調も芳《かんば》しくなかったこともあり、最終的に再選断念を余《よ》儀《ぎ》なくされたのです。

こうした出来事を経《へ》て、アメリカは南北戦争の傷を癒《い》やしつつ、次第に「われらは大国である」との意識を芽生えさせていきます。

チェスター・アーサー（1830〜86）

22 公平さを売りに「金ぴか時代」に挑んだ グロバー・クリーブランド

感情に動かされない原理主義者

第二十二代（および第二十四代）大統領のグロバー・クリーブランドは、連続しない形で大統領を二期務めた唯一の人物です。初代から数えて四十五人目のジョー・バイデン大統領が、第四十六代と称されるのも、クリーブランドが一代置いて再び大統領に就任したからです。

このほか、アメリカ市民の間では、「ホワイトハウスで結婚式をあげた唯一の大統領」「自由の女神像の除幕式に参加した大統領」として、比較的知名度の高い人物です。他方、国家指導者としてのクリーブランドの評価は分かれます。一期目の内政停滞、二期目の景気浮揚策への冷淡さ、熱心な外交政策への姿勢など、切り口によって評価が大きく異なるのです。

　少年期に父を亡くしたクリーブランドは、ニューヨーク州北西部バッファロー市の名士であった伯父の後見を得て成長しました。やがて、法律事務所で働きながら同州の司法試験に合格。弁護士資格を得た彼は、エリー郡の地方検事補や保安官を歴任します。

　クリーブランドは身長約百八十センチで、百十キロ近い堂々とした体格の持ち主でした。その声はよく通り、生真面目《きまじめ》さと公平・公正さを常に重視する姿勢で職務に専念しました。

　一方で、生真面目で融通がきかぬ性格が災《わざわ》いしたのか、クリーブランドには「感情で動かぬ原理主義者」との批判も聞かれます。実際、保安官時代には、死刑執行に怖気《おじけ》づいた刑務官を前に、進んで交代し、平然と自ら刑を執行しました。こうしたエピソードからは、苛烈《かれつ》なまで

グロバー・クリーブランド（1837〜1908）

に司法上の「正義」を守らんとする性格の一端が垣間見えます。

ともあれ、こうして声望を高めていったクリーブランドは、やがて政治家に転身し、民主党員となります。一八八一年にバッファロー市長に当選すると、短期間で市政改革に先鞭《せんべん》をつけ、頭角を現しました。この実績から、翌年のニューヨーク州知事選挙では、候補者として白羽《しらは》の矢が立ちます。

同州はそれまで伝統的に共和党が強かったのですが、政治改革を掲《かか》げて見事に勝ちを収め、州知事として政務に邁進《まいしん》します。というのも、当時の州議会は「タマニー・ホール」（ニューヨーク市議会の民主党勢力）によって支配されていました。クリーブランドは、州を牛耳《ぎゅうじ》る〝ボス政治〟と徹底抗戦する姿勢を堅持し、「マグワンプス（Mugwumps）」と呼ばれる共和党改革派の一部を味方に引き入れ、果敢に行政改革を推進。知名度を一気に全国的なものとします。

ちなみに、クリーブランドの旺盛《おうせい》な改革熱を目《ま》のあたりにしていたのが、当時、若手州議会議員の一人であったセオドア・ルーズベルトでした。クリーブランドのリーダーシップに学んだ彼は、のちに第二十六代大統領となり、公正な資本主義の発達を目指す独占禁止法制定や、日露戦争の講和などに指導力を発揮していきます。

公平性に対する律義さがあだに

州知事として抜群の実績をあげたクリーブランドは、一八八四年の民主党全国大会で大統領候補指名を受け、本選に出馬。大接戦の末に、大統領の座を射止《いと》めます。アンドリュー・ジョンソン（第十七代大統領）以来、実に二十四年ぶりの民主党政権誕生となりました。

政治経験の浅いクリーブランドが政治の中心に躍り出た背景の一つに、「金ぴか時代」における金権腐敗政治の一掃を庶民が熱望していたことが挙げられます。つまり、庶民の大いなる期待が、彼を政治の中心へと押し上げたのです。

クリーブランドは、そうした市民の負託に応えるべく、派閥政治に屈しない〝強い大統領〟を目指しました。その結果、大統領権限の一つである「拒否権」の行使は、一期目の四年間で実に四百十四回に達します。ジョージ・ワシントン（初代大統領）以降、それまでの大統領の拒否権行使回数が通算して二百四回しかない事実と比較すると、彼がいかに頻繁《ひんぱん》に議会の立法行為に介入したかがわかります。

当時の連邦議会では、「ポークバレル」（塩漬け豚肉をたるに詰めると、膨《ふく》れ上がることから命名）と呼ばれる、法案の抱《だ》き合わせが横行していました。国家の重要法案であるにもかかわらず、その法案と無関係かつ政治的な利益誘導を目論《もくろ》む法案が多く盛り込まれていたのです。

代表的なものでは、南北戦争の元軍人に対する「恩給支出法案」が挙げられます。有権者の歓心を得たい一部政治家が、「戦争後」に負傷した元軍人にまで恩給を支出しようとしたのです。

議会に上程される法案は、条項別ではなく、全文を一括審議することになっています。そのため、公平さを厳格に求めるクリーブランドは、全体としてはよい法案であっても、拒否権を発動してそれを葬《ほうむ》ったのです。

しかし、それ以上に問題だったのは、彼自身の内面性です。体の大きさの割にその器は小さく、柔軟性に欠ける人物でした。

クリーブランドは自身の出自や成功体験から、自由の国アメリカの存立と繁栄は、市民各自の自助努力によってなされていると確信していました。そのため、アメリカ市民は政府に尽くす義務は生じるものの、「政府は市民に尽くすために存在しない」との信念を抱《いだ》いていたのです。

もっとも、このような考え方自体は、当時において珍しいものではありませんでした。しかし、クリーブランドは、かつてバッファローで自分が経験した「何不自由ない暮らし」がどこでも当たり前に存在すると思い込んでいたのです。

そのため、彼はテキサス州の大旱魃《かんばつ》の際、被災農民の救済に穀物の種子を提供する特別予算を組んだ法案に、躊躇《ちゅうちょ》なく拒否権を発動しています。個人の生活再建は自己責任、あるいは自治体のコミュニティーが中心となって実施すべきで、政府の介入は誤りでしかないと考えた結果でした。

こうしたかたくなな姿勢に基づく政権運営の末、クリーブランドは一期四年での退任を余儀《よぎ》なくされました。

23
「大国意識」が萌芽する時期にアメリカを率いたベンジャミン・ハリソン

アメリカ政界における名門一族に生まれる

第二十三代大統領のベンジャミン・ハリソンは、政界の名門一族の出身です。曽祖父は独立宣言の署名者の一人であるベンジャミン・ハリソン五世（バージニア州知事）、祖父は第九代大統領のウィリアム・ハリソン、さらに父親のジョンも、連邦下院議員を務めました。

生家はオハイオ州南西部のノース・ベンドにあり、ハリソンはそこで少年期を過ごします。父・ジョンが農場を営んでいたこともあり、暮らしに不自由はありませんでした。

しかし、両親が教育熱心なうえ、十人の子どもがいたこともあって、豪華な生活とは無縁でした。そうした中で彼は、釣りやハンティング（狩猟）を楽しむなど、アメリカのフロンティアで自由を満喫して育ちました。

その後、オハイオ州の名門校・マイアミ大学で学んだハリソンは、卒業後に法曹界入りします。インディアナ州のインディアナポリスで、共同の法律事務所を開設し、弁護士の道を歩み始めたのです。

一八六一年に南北戦争が勃発《ぼっぱつ》すると、ハリソンは真っ先に北軍に志願しました。戦争終結時には、戦場での勇敢さを認められ、上院から「名誉准将《じゅんしょう》（Brevet Brigadier General）」を授与されています。

ちなみに、当時の富裕層や社会的地位のある人は、「代人料」を納めるのが一般的でした。お金を払うことで、兵役を免除してもらえたのです。しかし、ハリソンは合衆国市民の当然の責務として、進んで自ら従軍しました。

南北戦争後に除隊したハリソンは、州最高裁判所の速記係などを経《へ》て、一八七六年に共和党候補としてインディアナ州知事選挙に出馬します。このときは落選しましたが、「将来有望な人物」と見なされていたこともあり、州議会から上院議員に選出されてワシントンに赴《おもむ》きます（当時は州議会が上院議員を選出していた）。

政界入り後は、退役軍人の年金支給拡大に一貫して取り組み、旧北軍関係者を中心に、徐々に世論の支持をつかんでいきます。一方で、年金支給の拡大に冷淡だった当時のグロバー・クリーブランド第二十二代大統領とは、必然的に対峙《たいじ》することになりました。

ハリソンは、政界では常に冷静沈着に行動し、実力者らの脅威《きょうい》となる行為を慎《つつし》むしたたかさも体得していました。その結果、一八八八年の大統領選挙では共和党候補となり、再選を期すクリーブランドと激突します。

その結果、一般投票では九万票ほどクリーブランドに及びませんでしたが、選挙人票で二百三十三票対百六十八票と逆転。見事に大統領の座をつかんだのです。

産業保護策が物価高騰の裏目に

大統領に就任したハリソンは、国内産業に対する積極的な保護政策を敢行します。この点、政府の予算支出に消極的で、産業振興にも無関心だったクリーブランドとは異なる政治姿勢を鮮明に打ち出しました。

その代表的なものが、アメリカ史で必ず学ぶといってよい、「マッキンリー関税（法）」です。平均税率を五〇％近くまで一気に引き上げ、廉価《れんか》な外国製品の締め出しを図《はか》ったのです。

ハリソンの思惑では、こうした政策によって国内製品の需要が一気に高まって好景気となり、労働者の賃上げにつながるはずでした。ところが、結果は正反対で、自由な価格競争が阻害され、物価は高騰《こうとう》します。

ハリソンは政策通であったジョン・シャーマン上院議員の協力を得て、「シャーマン（反トラスト）法」を成立させます。取引における独占や制限を禁止した同法は、野放しとなっていた大企業による搾取《さくしゅ》を規制する意味で、大変有意義な試みでした。このときは大資本家の影響下にあった連邦議会によって骨抜きにされてしまいますが、のちに強化され、現代まで続いています。

また、ハリソンは経済の安定化を目論《もくろ》んで、いわゆる「シャーマン銀購入法」も成立させます。これは、毎月四百五十万オンス（一オンスは約二十八グラム）の銀塊を政府が市場価格で買い入れると規定したものです。銀を通貨の裏付けにすることで、金融の健全化を狙ったものの、

ベンジャミン・ハリソン（1833〜1901）

財政規律はかえって悪化します。さらに、一八九三年の経済恐慌で銀価格が暴落し、国家財政に深刻な打撃を与えます。

このように、ハリソンが打ち出した経済政策は、次々と裏目に出てしまったのです。他方、外交および国防政策からは、当時のアメリカ人に芽生えつつあった「大国意識」がはっきり見てとれます。彼はそれを敏感に察知し、「アメリカは新たな時代を迎えた」と宣言。米海軍の大幅な拡張に乗り出します。そして、一八八九年のサモア諸島における領土紛争や、九一年のチリ内戦に介入し、両地域におけるイギリスの影響力の排除に躍起になります。そのほか、ハワイ併合への道筋を整えたのもハリソンでした。「大国意識」が萌芽《ほうが》する時期に国を率《ひき》いた彼は、こうして「強いアメリカ」を演出していったのです。

その後ハリソンは、再選を目指して一八九二年の大統領選挙に出馬しますが、経済政策の失敗などが影響し、クリーブランドに大敗してワシントンを去ります。九六年の大統領選挙では、政権奪回を狙う共和党からの出馬要請を断り、友人で同じオハイオ州出身のウィリアム・マッキンリーを応援すべく、精力的に全国を遊説《ゆうぜい》しました。

やがて、このマッキンリー政権下において、アメリカは大国意識の具現化の証しとなる初の海外領土を持ちます。これが〝太陽の沈まない国〟イギリスから覇権を奪取する契機となり、その後は波風を立てない形で、徐々に世界史の主役が交代していったのです。

24 連続しない二期を務めた唯一の大統領 グローバー・クリーブランド

経済恐慌の大波が直撃

南北戦争が終わった一八六五年以降、アメリカは「金ぴか時代」の真っ只中にありました。

しかし、八〇年代後半になると、経済の急成長による歪《ひず》みが随所に表れてくるようになります。

一部の投機家らは、財に対する飽《あ》くなき欲望から、西へ西へと鉄道網を拡大する鉄道会社に大量の資金を投下。これが需要を大きく超える鉄道建設を煽《あお》り、その結果、鉄道会社は膨大な赤字を垂れ流すようになっていました。

他方、庶民の暮らしは貧しく、たとえば小麦・綿花農家らは、農産物価格の急落に苦しみ、深刻な貧困に直面していました。このように、当時のアメリカ社会は、「持つ者」と「持たざる者」に二極化していたのです。

一八九二年の大統領選挙は、こうした社会状況下で実施されました。当初は再選を目指す現職のベンジャミン・ハリソンが優位と見られていましたが、想定外の事態が生じます。アメリカを代表する大手企業・カーネギー鉄鋼会社でストライキが勃発《ぼっぱつ》。与党・共和党が財界擁護《ようご》の姿勢を鮮明にしたことで、労働者層を中心とする世論が沸騰《ふっとう》しました。

これにより、民主党候補だったグロバー・クリーブランド（第二十二代大統領）は、逆転のきっかけをつかみ、ついに第二十四代大統領として政権に返り咲いたのです。

これはアメリカ史上初の出来事であり、さらに現職大統領が二代連続で政権を追われることも珍しく、クリーブランドの再就任は多くの意味で珍事といえます。

ホワイトハウスに舞い戻ったクリーブランドは、ただちに前政権の経済失政を是正すべく、悪名高いシャーマン銀購入法やマッキンリー関税（法）の撤廃に向けて動き出します。ところが、時を同じくして恐慌がアメリカ社会を直撃します。いわゆる「一八九三年恐慌」です。

発端は、アルゼンチンで凶作と政変が起こり、それによって一気に金融不安が広がったことでした。慌《あわ》てた海外投資家らは資産の現金化を急ぎ、取り付け騒ぎがアメリカにも飛び火したのです。

恐慌の大波は、瞬《また》く間に全米約五百の銀行をのみ込み、およそ一万五千社の企業が倒産。放漫経営が続いていたノーザン・パシフィック鉄道やユニオン・パシフィック鉄道などの大手鉄道会社も、次々と経営破綻《はたん》しました。

失業率もうなぎ上りとなり、ニューヨーク州では三五％、ミシガン州ではなんと四三％に達しました。こうしてアメリカ社会には、突然職を失って途方に暮れる人々たちが溢《あふ》れ返ったのです。

当時は、セーフティーネットがほとんど存在しない時代。銀行預金は保証されておらず、全財産を失った人も多くいました。人々を救うべく、ボランティアによる無料食堂（炊き出し）などが行われましたが、当時のアメリカ社会はこうした〝民〟の力に頼って維持されていたのです。

生来の頑迷さで再び威信を失う

本来なら、この時点で緊急の財政出動を行うなど、政府が積極的に経済の安定化を図《はか》るべきでした。ところが、クリーブランド生来《せいらい》の頑迷さが再び頭をもたげ、一期目と同様の過《あやま》ちを繰り返します。

彼は、景気の浮き沈みは自然の成り行きであり、かつ景気の後退期は、企業や市民が自助努力によって乗り切るべきものだと考えていたのです。そのため、有効な景気浮揚策を全く実行しようとしませんでした。

こうした彼の政治姿勢が明確に表れたのが、一八九四年にシカゴで起こった名門プルマン社のストライキ事件への対応です。寝台車や食堂車などの設計・製造・運行を行っていたプルマン社は、未曽有《みぞう》の不況を切り抜けるべく、従業員の大量解雇に踏み切ります。ところが、これに抗議する労使紛争が瞬く間に二十七州に拡大し、全米を巻き込む大規模な労使紛争となります。その結果、各地でストライキが頻発《ひんぱつ》し、鉄道網は完全に麻痺《まひ》しました。国家の一大事とも呼べる事態に対し、クリーブランドは、「連邦政府管轄事業の郵便配達が適切に遂行できない」との大義をもって、関係者らの反対を押し切り、軍隊の出動を命じます。抗議する労働者の武力鎮圧を図ったのです。

このような強引な手段は、クリーブランドはもちろん、民主党に対するアメリカ市民の信頼に大きな打撃を与えました。実際、クリーブランドの退陣後、民主党は共和党が分裂する一九一二年の大統領選挙まで、政権の座からしばらく遠ざかることになります。

内政で同じ轍《てつ》を踏んだクリーブランドですが、外交でも従来の反帝国主義・反膨張主義の姿勢を貫きました。前政権の大国を目指す政策とは一線を画し、アメリカの対外政策に一定の抑制を利《き》かせることに注力したのです。

その最たる例が、米財界の「砂糖貴族」らが熱望していたハワイ併合を、断固として認めなかったことです。彼はアメリカ人が起こしたクーデターを容認せず、一時はリリウオカラニ女王の復権をも真剣に検討していました。

クリーブランドの孤立主義を基礎とする外交政策は、一八九五年にスペイン領キューバで起こった「第二次キューバ独立戦争」でも顕著に表れます。彼は、キューバの割譲《かつじょう》を狙うアメリカ国内の介入主義者たちを抑え込み、中立政策を堅持したのです。

一方で、イギリスとベネズエラとの国境紛争（英領ギアナをめぐる争い）では、イギリスの西半球への関与を嫌い、武力介入も辞さないとの強い態度を提示。イギリスから譲歩を引き出すことに成功し、外交的勝利を得ます。このように、クリーブランドは外交においても自分なりの「正義」を貫きました。

クリーブランドは、帝国主義とは異なる別のアメリカの姿と、進むべき道を提示しました。アメリカがその道を歩んでいれば、世界は現在と全く違う歴史を刻んでいたことでしょう。しかし、彼の描いた壮大な夢は、経済恐慌に伴う内政の失敗とともに無残にも打ち砕かれたのです。

25 「世界の一等国」アメリカを実現したウィリアム・マッキンリー

最初の「現代的大統領」

第二十五代大統領ウィリアム・マッキンリーは、行政府（大統領府）の近代化に努めた最初の「現代的大統領（Modern Presidency）」と評される人物です。また、通商と外交政策で手腕を発揮し、アメリカをアジアの利権を有する国家へと導いた指導者でもありました。

マッキンリーは、アメリカ中西部オハイオ州で九人兄弟の七番目として生を受けます。のちに大学に進学するも、病気のためわずか一年で休学。やがて健康は回復したものの、今度は経済的事情で卒業を断念します。その後は郵便局員や教員として働き、生計を立てました。

マッキンリーにとって人生の転機となったのが、一八六一年に勃発《ぼっぱつ》した南北戦争です。彼は即座に一兵卒として志願し、戦場で活躍して、その勇敢さを認められました。戦後は軍を退役してあらためて法律を学び、弁護士となります。

そんなマッキンリーが政治と関わりを持ったきっかけは、戦時中の上官で、尊敬してやまないラザフォード・ヘイズ（第十九代大統領）が政界入りを志したことです。マッキンリーは、ヘイズのオハイオ州知事選の勝利を目指して選挙運動に奮闘。その功績が共和党の有力者たちに認められます。すると、今度は彼らの助力を得て、マッキンリー自身がオハイオ州選出の連邦下院議員に当選したのです。

ウィリアム・マッキンリー（1843〜1901）

政界入りしたマッキンリーは、共和党議員でありながら労働者の強力な味方として、保護貿易政策を積極的に後押しするようになります。次第に名声を得ていった彼は、党幹部の命を受け、当時大統領選の行方《ゆくえ》を左右し得《う》る激戦州（swing state）だったオハイオ州の知事選に出馬。見事に勝利をつかんだのです。

こうして党の発展にも献身してきたマッキンリーに、乾坤一擲《けんこんいってき》の勝負の機会が訪れます。九六年の大統領選挙への出馬です。実業家で共和党の重鎮でもあった盟友マーク・ハンナを選対本部長に据《す》え、アメリカ史上初の近代的組織選挙を全米規模で展開し、激戦を制します。

大統領に就任したマッキンリーは、敏腕家《びんわんか》ギャレット・A・ホーバート副大統領らの力強い支えによって、行政府の改革に着手。その一環として、専用のプレスブリーフィングルームを設《もう》け、記者たちへ定例の会見を開き、積極的な情報発信にも努めました。

政策面では、財界の要望に応《こた》えて保護貿易主義を追求し、九七年に「ディングレー関税法」を制定。外国製品に対して、平均五七％もの高い関税を課します。さらに、一九〇〇年には金本位制を確立させ、経済の安定を図《はか》りました。

この結果、共和党の支持基盤は従来の北部経済界にくわえ、都市部の労働者のみならず農業従事者にまで拡大していったのです。

多方面で活躍したのちに、一九〇一年、マッキンリーは、パン・アメリカン博覧会の出席中に銃撃を受けて暗殺されてしまいます。

米西戦争の勝利とアジアへの進出

マッキンリー政権下の一八九八年、その後の世界史を大きく変えたともいえる米西戦争が勃発します。当時、中南米のキューバでは、スペインの植民地支配から脱すべく独立運動が盛んでした。当初、マッキンリーはアメリカによる軍事介入を望んでおらず、スペイン政府に対して、反政府運動家への人道的措置の必要性を訴えるにとどめていました。

ところが、キューバのハバナ港に停泊していた米海軍の戦艦メインが原因不明の爆発によって轟沈《ごうちん》し、二百六十六人もの乗員が命を落とします。アメリカ国内では、「スペインが湾内に仕掛けた機雷が原因」との風評が瞬《またた》く間に広がり、「メインを忘れるな！（Remember the *Maine!*）」の掛け声とともに、戦争熱が一気に高まります。

スペインの影響力をキューバから一掃すべきと考えていたマッキンリーは、この機を捉《とら》えて連邦議会に武力行使の承認を求め、スペインとの戦争に踏み切ります。同時に、恒久的な補給地の必要性から、前政権が固辞していたハワイ併合をも断行したのです。

世界史における新旧勢力の交代を象徴する米西戦争は、わずか四カ月でアメリカの圧勝に終わります。この戦争は、スペインという最初の「太陽の沈まぬ帝国」が急激に沈む契機となった一方で、アメリカにとっては、南北戦争後の社会の分断を治癒し、国力を増すという結果をもたらしました。

戦後に米西間で調印された「パリ条約」では、スペインによるキューバ放棄にくわえ、カリブ海北東のプエルトリコと太平洋のグアムのアメリカへの割譲《かつじょう》が合意されます。また、東南アジアのフィリピンを約二千万ドルでアメリカに譲渡することも決まりました。こうして、アメリカは東南アジア・太平洋地域に足掛かりを築き、世界の一等国に躍《おど》り出たのです。

アメリカがアジアで自領を保持したことで、必然的に日米関係も変容していきます。アジア域内に利権を有する国家同士、新たな関係性の構築が模索されるようになったのです。この後、日米関係は、それまでの「海の向こうの親しき友人」から、欧州列強がアジアでしのぎを削る中での「国益を共有するパートナー」として発展を遂げ、成熟の過程へと向かいます。

それゆえ、アメリカは中国大陸の動向にも極めて敏感になります。一八九九年と一九〇〇年には、ジョン・ヘイ国務長官が人道的観点と経済的実利の両面から、中国における「門戸開放政策(Open Door Policy)」を発し、利権獲得に血眼《ちまなこ》になる欧州列強に対して、門戸開放・機会均等・領土保全の三原則の尊重を訴えます。

なお、この精神は現代のアメリカにも継承されています。実際、アメリカはアジアで覇権を唱え、世界からアジアを閉ざそうとする勢力の台頭を決して許そうとしません。

たとえば、昨今のアメリカは、南シナ海の領有など、排外的な海洋政策を推し進める中国に対し、「航行の自由作戦」を展開しています。その根底にあるのは、門戸開放政策のときと同じく、「国家間の関係は自由かつ公正・平等が礎《いしずえ》であるべきで、これこそが民主主義社会の発展と永続に不可欠である」とのゆるぎない信念なのです。

第 4 章

繁栄と世界大戦期

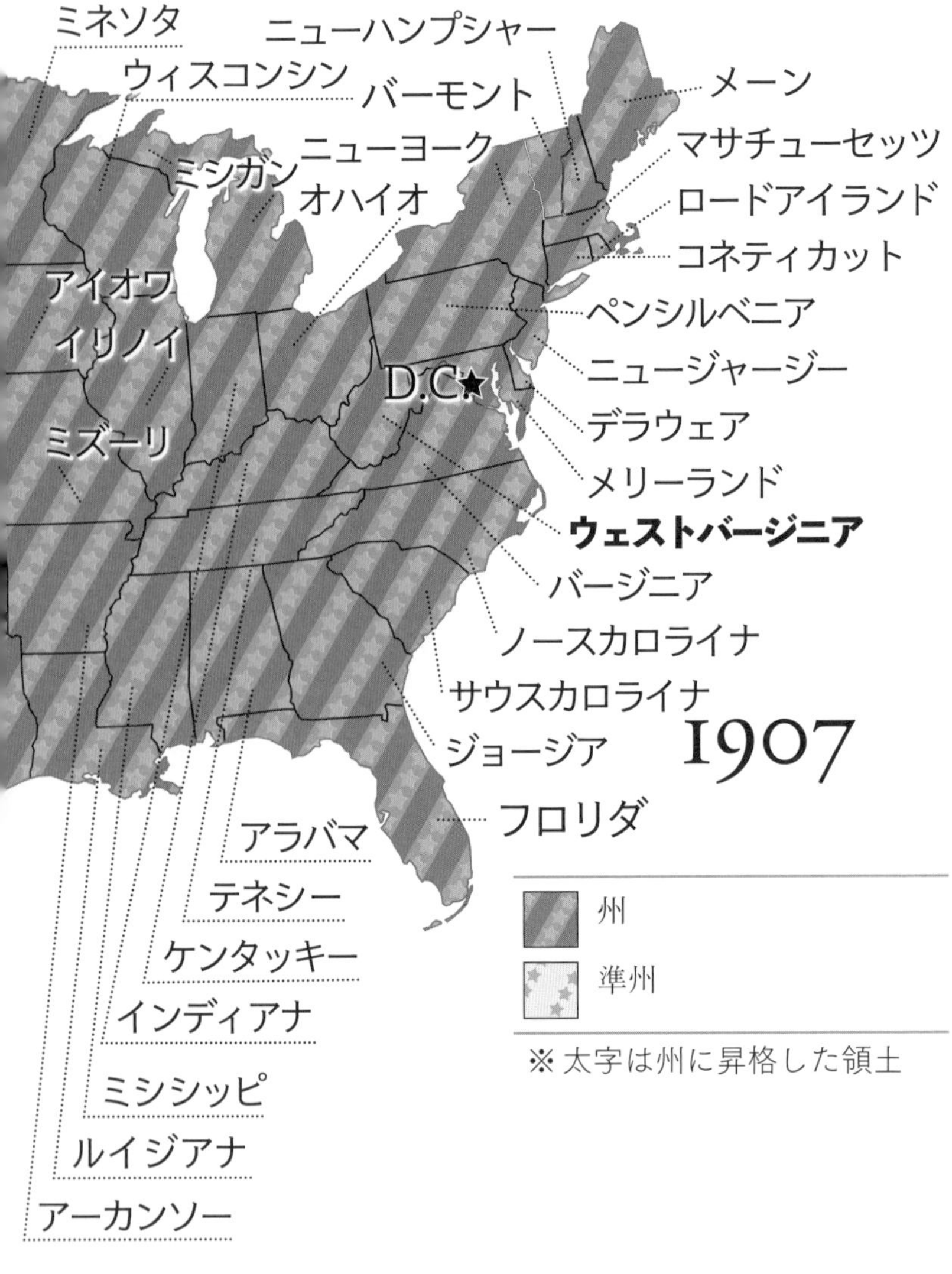
ミネソタ
ニューハンプシャー
ウィスコンシン
バーモント
メーン
ニューヨーク
マサチューセッツ
ミシガン
オハイオ
ロードアイランド
コネティカット
アイオワ
ペンシルベニア
イリノイ
ニュージャージー
D.C.★
デラウェア
ミズーリ
メリーランド
ウェストバージニア
バージニア
ノースカロライナ
サウスカロライナ
ジョージア
1907
フロリダ
アラバマ
テネシー
ケンタッキー
インディアナ
ミシシッピ
ルイジアナ
アーカンソー
州
準州
※太字は州に昇格した領土

アメリカ領土と州
（1907年）

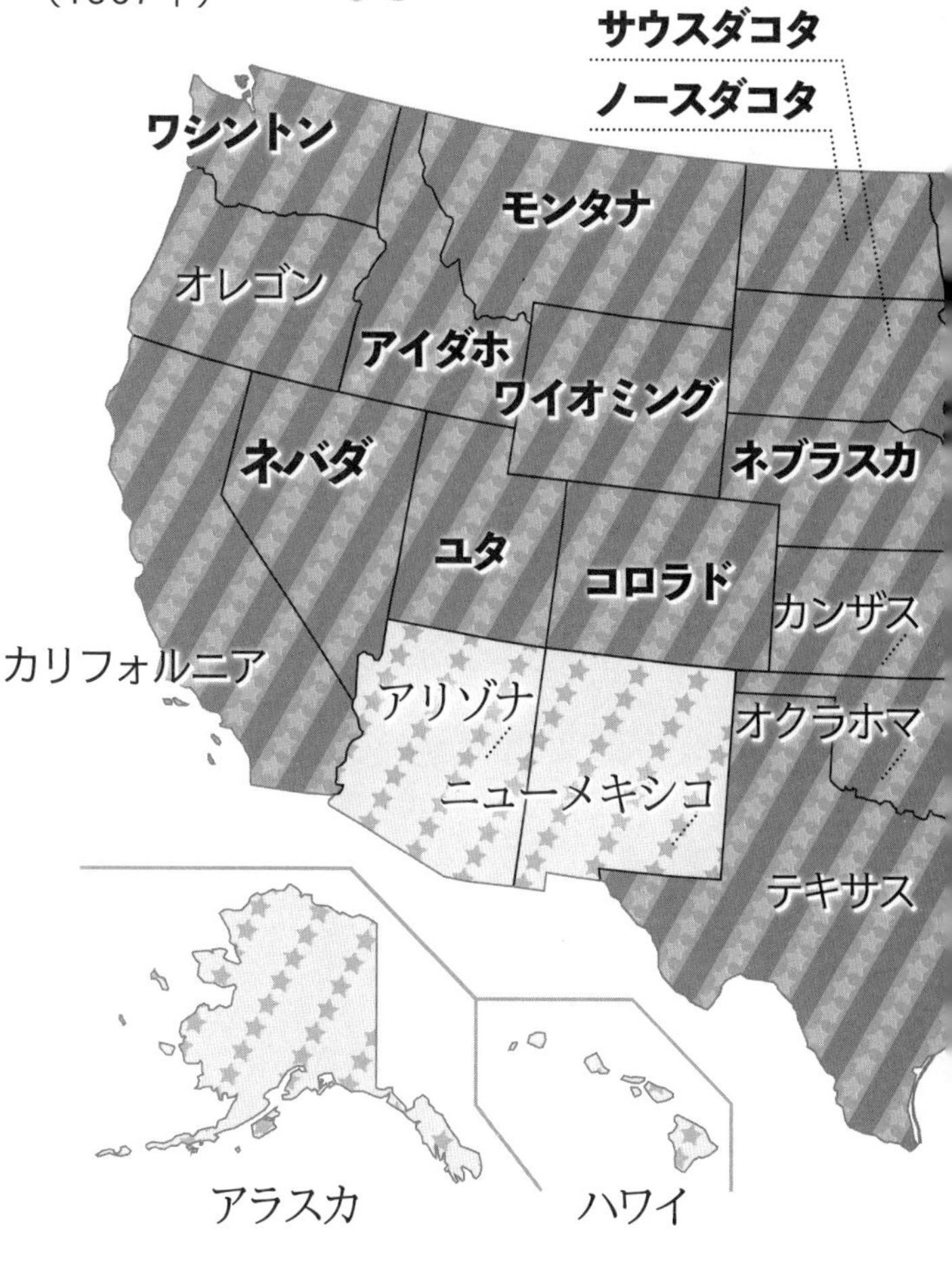

※ 1912 年にニューメキシコ準州とアリゾナ準州が州に昇格、1959 年にアラスカ準州とハワイ準州が州に昇格し、現在のアメリカに相当する領土が形作られる。

26 生涯にわたり庶民の味方であり続けた セオドア・ルーズベルト

少年時代に抱いた「強さへの憧れ」

第二十六代大統領セオドア・ルーズベルトは、多くの米国民が歴代五指に挙げる卓越したリーダーです。教養と品格、責任感を有し、共和党が伝統的に重んじる自助努力を重視しました。

他方で、彼は社会的弱者に対する寛容さも持っており、徹頭徹尾「コモンマン（庶民）」の味方だったのです。私自身も、「最も好む大統領は誰か」と尋《たず》ねられれば、エイブラハム・リンカーン（第十六代大統領）とともに彼の名を挙げます。

ちなみに、日本の皆さんにもなじみ深い「ラシュモア山」（ラシュモア山国立記念公園）の岩肌には、アメリカが誇る四人の大統領の胸像が彫られています。すなわち、ジョージ・ワシントン（初代大統領）、トーマス・ジェファソン（第三代大統領）という建国の父らと、国家を分裂の危機から救ったリンカーン、そしてルーズベルトの四人です。

ルーズベルトは、ユダヤ系オランダ移民の子孫です。十七世紀半ばに、クラウス・M・ローゼンベルツがワルヘラン半島から米ニューヨーク州へ入植し、その子ニコラスがルーズベルト姓に改めました。なお、一族はニコラスの時代に二つに家系が分かれ、もう一つの家系からも大統領（第三十二代フランクリン・D・ルーズベルト）が誕生しています。

商人の国オランダ出身だけあって、一族は商才に恵まれて成功する者が多く、ルーズベルトの父もその一人でした。そのため、彼は富裕層の子として何不自由なく育ちます。

しかし、少年時代のルーズベルトは、虚弱体質で重度のぜんそくに苦しんでいました。学校にも通うことができず、自宅で家庭教師に教わり、歴史書や古典の読書に没頭するか、趣味の博物学（剥製《はくせい》作り）にふけっていたのです。

両親は、そんなわが子の健康を憂《うれ》い、トレーニング器具を買い与え、体の鍛錬を勧めました。ベンチプレスやボクシングに励むようになったルーズベルトは、次第に健康を回復。その一方で、彼は「強さへの憧《あこが》れ」を抱《いだ》くようになります。

これは、自分に打ち勝つ克己心《こっきしん》、また自助努力を重んじる姿勢ともいえるでしょう。この「強さへの憧れ」こそが、彼を世に送り出す要因となり、やがて、アメリカの歴史を左右する力ともなります。

ルーズベルトは青年期になると名門ハーバード大学へ進学。卒業後は地元ニューヨーク州の連邦下院議員選挙へ出馬し、最年少議員となります。また、一八八二年には、今なお読み継がれる古典的名著『*The Naval War of 1812*』を執筆。瞬《また》く間に名声を得るとともに、制海権や大艦巨砲主義の研究で著名なアルフレッド・セイヤー・マハンとの親交が始まります。

ラシュモア山の胸像。左からジョージ・ワシントン、トーマス・ジェファソン、セオドア・ルーズベルト、エイブラハム・リンカーン　©Winkelvi

アメリカ史上最年少で大統領に就任

下院議員当選から二年後の一八八四年、ルーズベルトは人生最大の不幸に見舞われます。出産直後の妻アリスが腎臓病で、さらに母マーサが腸チフスで、同日に亡くなったのです。その日の彼の日記には、大きな×印と「私の人生から光が消え去った」とだけ記されています。

その後、ルーズベルトは娘を姉に預けて出奔《しゅっぽん》。人生を立て直すためにバッドランズ（中西部ノースダコタ州）の農場に隠棲《いんせい》します。そして、一八八六年にイーディス・カーロウと再婚。早すぎる再婚に自責の念を抱きつつも、温かな家庭を築いて立ち直った彼は、ニューヨークに戻り、市の公安（警察）委員長となって再び成功への道を歩み出します。市警時代は、警察官による職務放棄や汚職・腐敗の撲滅に精励《せいれい》し、そこで名を上げ、今度は海軍次官に抜擢《ばってき》されます。海をこよなく愛していたルーズベルトにとっては、まさに理想のポストでした。

海軍次官として海軍増強に注力している最中の一八九八年、米西戦争が勃発《ぼっぱつ》。彼は国家に対する責任から次官を辞任し、知己《ちき》のレナード・ウッド陸軍大佐の協力を得て、仲間たちと「第一合衆国義勇騎兵隊（通称ラフ・ライダーズ、荒馬乗りたちの意）」を結成。キューバ戦線で武勇を奮い、のちに「名誉勲章（議会名誉勲章）」を受章します。

戦後はニューヨーク州知事選挙に出馬して僅差《きんさ》で勝利。公務員の任用制度や財政の改革を行いました。そして、一九〇〇年の大統領選挙では、共和党の副大統領候補として再選を目指すウィリアム・マッキンリー（第二十五代大統領）とともに出馬し、勝利を収めます。

しかし、副大統領職は権限なき閑職です。実は、当時のニューヨークは「タマニー・ホール」と呼ばれる民主党勢力に牛耳《ぎゅうじ》られており、財界と結びついて金権腐敗が蔓延《まんえん》していました。州知事だったルーズベルトは、腐敗しきったボス政治と戦う意を固めていたため、厄介者《やっかいもの》と見なされて副大統領職へと飛ばされたのです。

しかし、人の前途はわからないものです。一九〇一年、マッキンリーが暗殺による非業の死を遂げたことにより、ルーズベルトは大統領へ昇格。彼は当時四十二歳で、いまだに破られず

セオドア・ルーズベルト（1858～1919）

にいる、アメリカ史上最年少の大統領が誕生したのです。

共和党のイデオロギーの礎

大統領に就任したルーズベルトは、拝金主義の「金ぴか時代（Gilded Age）」を打破すべく、政治と社会の改革を推し進めます。具体的には、有名無実化していた「シャーマン（反トラスト）法」を活用し、巨大企業の独占を制限しました。また、労働争議の調停、鉄道運賃の抑制など、富の再分配にも注力しています。

さらに、「純正食品・薬事法」によって国民の健康福祉の増進を図《はか》ったほか、国立公園を初めて指定するなど自然環境保護にも積極的に取り組みました。こうした諸政策は、「スクエア・ディール（公正な取り決め）」と呼ばれ、アメリカにおける「進歩主義時代（Progressive Era）」の幕開けを先導する役割を果たします。

他方、外交では「モンロー主義（欧州大陸と米大陸間の相互不干渉）」を拡大解釈して、「棍棒《こんぼう》外交」を展開します。これは「Speak softly and carry a big stick」（大きな棍棒を携《たずさ》え、穏やかに語る）という、ルーズベルトの言葉から名づけられたものです。つまり、世界秩序の安定に責任を持つ「世界の警察官」を目指したのです。そして、一九〇三年には、パナマをコロンビアから独立させ、パナマ運河の工事権と租借《そしゃく》権を獲得するなど、中南米でのアメリカのプレゼンス（存在感）を一気に高めました。

そしてルーズベルトは、こうした政治面もさることながら、その人間性においても多くの人を惹《ひ》きつけました。白人エリートでありながら、「人々を平等に扱うのは当然である」との価値観を有し、黒人運動の指導者ブッカー・ワシントンを晩餐《ばんさん》会に招いたり、インディアン先住民族のコマンチェ最後の首長クアナ・パーカーと狩猟に出かけたりしています。さらに、アメリカ史上初めてユダヤ人を閣僚に任命しています。自助努力を怠《おこた》らぬ立派な人間であれば、人種や出自は問わなかったのです。

そうした態度は、日本人に対しても同様でした。新渡戸稲造《にとべいなぞう》の『武士道』を読んで感銘を受けたルーズベルトは、非白人国家の日本を文明国と見なして支持します。

一九〇五年の「ポーツマス条約（日露戦争の講話条約）」交渉の際には、日露両国の仲裁を見事に果たし、その功を認められてのちにノーベル平和賞を受賞しています。この事実からは、ルーズベルトが欧州列強によるアジア進出に負けなかった日本を認め、アジアにおいて組めるパートナーと見なし、信頼を寄せていたことがうかがえます。

このようにルーズベルトは、アメリカにおける「共和党」のイデオロギーの礎《いしずえ》を築いた人物でした。

27 アメリカ社会の激動期に「緩衝材」の役割を果たしたウィリアム・タフト

数々の逸話が残る巨漢の大統領

第二十七代大統領ウィリアム・タフトは、アメリカ史上初にして唯一、行政府と司法府のトップ（最高裁判所長官）を務めた人物です。また、四十五人の歴代大統領の中で最重量の巨漢であり、百八十センチを超える長身に、体重は百四十キロ以上あったといわれます。体格にまつわる逸話《いつわ》も豊富で、「ホワイトハウスの浴槽にはまって出られなくなった」「送迎車のドアに挟まり、やむなくドアを切断した」など、数々の〝伝説〟を生んだ人物でもあります。

タフトの前任であるセオドア・ルーズベルトは、一九〇四年の大統領選挙で圧勝した後、早々に「次期大統領選には出馬しない」と表明しました。理由は、「二期八年を超えてはならない」とのジョージ・ワシントン（初代大統領）以来の慣例を意識したからです（のちに憲法が修正され、「二期八年」の規定が明文化）。

ところが、ルーズベルトは間もなく「そんなことを言うべきでなかった」と大いに悔《く》やみます。しかし、公言してしまった以上、任期満了後に退任せざるを得ません。それゆえ彼は、自身の政策を忠実に継承してくれる有能かつ実直な後任者を探すに至ります。

後継候補は二人いました。一人は、弁護士で国際法に精通する国務長官のエリヒュー・ルート。もう一人が、リーガリスト（法律家）として定評のあった陸軍長官のタフトです。ルーズベルトは最終的に「若さ」を優先し、オハイオ州の名家育ちのタフトを、レガシー（遺産）の

ウィリアム・タフト（1857〜1930）

継承者に選びます。タフトは、アメリカ東部の名門イェール大学を次席で卒業して法曹界入りし、検察、判事、法務官僚などを務めました。また、のちに地元シンシナティ大学の初代法学部長兼教授も務めるなど、一貫して法曹界で実績を残しています。

その一方で、いわゆる「選挙の洗礼」を受けた議員としての経験はなく、初入閣はウィリアム・マッキンリー（第二十五代大統領）政権において初代のフィリピン民政長官（知事）に任命されたときでした。なお、次のルーズベルト政権で陸軍長官に任命されたタフトは、日本を訪れ、首相兼臨時外務大臣だった桂《かつら》太郎と桂・タフト協定（一九〇五年）を結んでいます。日露戦争中に結ばれた同協定は、アメリカが日本の朝鮮半島支配を黙認すること、日本はアメリカが支配するフィリピンに対して野心がない旨《むね》を表明すること――などを確認したものです。つまり、急速な日本の台頭による国際情勢の変化を考慮したうえで、アジアにおける日米間の勢力均衡《きんこう》を確保し、互いの勢力圏を確認し合ったのです。

ルーズベルトに追い落とされる

一九〇八年の大統領選挙に勝利したタフトの治世は、さっぱりでした。ルーズベルトが主導した「スクエア・ディール（公正な取り決め）」路線を支持する革新派と、共和党内主流の保守派の抗争に翻弄《ほんろう》され、リーダーシップを発揮できなかったのです。

たとえば経済問題では、財界と連《つら》なる保守派は高関税による産業保護を求める一方、革新派は自由貿易による産業振興を望みました。その渦中の一九〇九年に、「ペイン＝オルドリッチ関税法」が成立します。全体の関税を引き下げつつ、一部製品（石炭・鉄鉱石など）の税率を引き上げる同法は、保守派の支持を得るための現実的な対応だったとはいえ、革新派をひどく失望させました。

さらに、タフトは外交政策においても迷走します。ルーズベルトとの違いを演出しようと、前任者が展開した棍棒《こんぼう》外交（武力をちらつかせた外交）を引き合いに「棍棒よりもドルを」と謳《うた》い、ドル外交を積極的に展開。ラテンアメリカ（南米）諸国が、ヨーロッパに対して負っていた対外債務のドルへの借り換えを推進します。これにより、南米との結びつきが強化され、アメリカ市場が拡大するとともに、ドルの国際的地位向上が図《はか》れると期待されました。その一方で、一九一二年に起きた中米ニカラグアの内乱では、親米政権擁護《ようご》の目的で派兵に踏み切るなど、場当たり的な対応が目立つようになりました。

やがてタフトは、政権を支えるべき革新派からの支持を失い、彼を後継に据《す》えたルーズベルトとの関係にも、決定的な亀裂が生じます。その亀裂を招いた原因は主に二つあり、一つは人種問題です。

ルーズベルトは、自助努力を怠《おこた》らない人間であれば、人種を問わず活躍のチャンスが与えられるべきだと考えていました。ところがタフトは、社会秩序維持のために、黒人などのマイノリティー（少数派）が社会的劣位にとどまるのはやむを得ないと考えたのです。

そして、もう一つは環境保護政策です。ルーズベルトは自然保護に熱心で、時に強引とも思える手法で広大な土地を国立公園に指定しました。しかし、生来のリーガリストだったタフトは、手続き論に固執し、「行き過ぎた政策である」として次々と指定を解除していったのです。

かくして迎えた一九一二年の共和党予備選挙で、タフトは保守派の支持を得て大統領候補指名を獲得したものの、革新派は「進歩党（通称ブル・ムース党）」を結成し、ルーズベルトを大統領候補に擁立します。その結果、共和党の票が二分され、大統領選挙では民主党に勝利を許してしまいました。

この大統領選挙で勝利したのが、のちに「国際連盟」（国際連合の前身）創設に寄与して世界史に名を刻むことになるウッドロウ・ウィルソンです。彼の勝利がなければ、のちのアメリカ史も世界史も、現在とは全く異なる様相を呈《てい》したのは間違いありません。

こうして、その足跡を振り返って感じるタフトの歴史的存在意義とは、共和党（ルーズベルト）から民主党（ウィルソン）へと急激に変化する衝撃を和らげる「緩衝材《かんしょう》」としての役割を果たしたことだったのかもしれません。

28 理想主義を掲げた現実主義者 ウッドロウ・ウィルソン

「召命」と信じて政治の道へ

国際連盟創設への貢献で知られる第二十八代大統領ウッドロウ・ウィルソンは、二十世紀以降のアメリカ政治における巨人の一人に数えられます。歴代大統領で唯一、博士号を取得しており、「プログレシビズム」（二十世紀初頭のアメリカ社会を席捲《せっけん》した進歩主義思想）の中心的人物でもありました。

ウィルソンは、祖父も父もキリスト教の牧師という敬虔《けいけん》なキリスト教徒の家庭に生まれました。大学卒業後は学者となり、政治学と憲法学の分野で名声を得て、やがて母校プリンストン大学の総長に就任します。旧習深い南部の上流階級に生まれ、厚い信仰心のもとに育まれたウィルソンは、次第に政治への道を自身の召命《しょうめい》（神に命じられた責務）であると考えるようになります。学識豊富で自由主義・民主主義を遵奉《じゅんぽう》する彼の哲学的言動は、いつしか「ウィルソン主義」として知られるようになり、内外の知識人がこの思想に共鳴しました。

ちなみに日本では、のちに国際連盟の事務局次長となる新渡戸稲造《にとべいなぞう》や、大正デモクラシーの立役者として著名な吉野作造《さくぞう》などが、その思想に傾倒しています。

そんなウィルソンに対して、民主党はニュージャージー州知事選挙への出馬を要請。彼は見事に勝利し、〝学者知事〟となりました。そのわずか二年後の大統領選挙（一九一二年）では、世代交代を進める民主党に再び担ぎ出され、大統領候補の指名を受けます。そして、本選挙では共和党の分裂にも助けられ、事前予想を覆《くつがえ》して勝利したのです。

議員経験のないまま国家の頂点に立ったウィルソンですが、彼は権力基盤を確かなものにするために、「世論に訴え、味方とする」ことの重要性を熟知していました。あまたのレトリック（巧言）を駆使し、「New Freedom（新しい自由）」と銘打った政策を大々的に掲《かか》げ、実現に邁進《まいしん》したのです。内政においては、巨大企業の寡占《かせん》を抑え込むべく「クレイトン（反トラスト）法」を制定。さらに、巨大企業の富の源泉となっていた関税を、「アンダーウッド関税法」によって南北戦争以降で最も低い水準に引き下げます。一方、それに伴う税収減を補うべく「連邦所得税」を初めて導入し、国家の経済基盤の整備にも尽力しました。

外交ではセオドア・ルーズベルト（第二十六代大統領）の「棍棒《こんぼう》外交」、ウイリアム・タフト（第二十七代大統領）の「ドル外交」に代わる「宣教師外交」を展開します。これは現代の「ネオコン」（新保守主義）の源流とも呼べるもので、「民主主義の拡大のためには武力介入も辞さない」という姿勢です。

実際、メキシコ革命では、「南米に民主主義を定着させる」という大義を持って介入しました。また、カリブ海のハイチにも海兵隊を派遣して軍政を敷き、民主主義国家への移行を試みます。しかし、近年のイラク介入同様、いずれも芳《かんば》しい成果を上げられず、「アメリカ帝国主義による侵略」という負の財産を残しました。

ウッドロウ・ウィルソン（1856〜1924）

第一次世界大戦に参戦

任期途中であった一九一四年、国際秩序を根幹から揺るがす第一次世界大戦が勃発《ぼっぱつ》します。当初、ウィルソンは中立的な立場を堅持し、交戦国間の調停に動こうとしました。しかし、このとき彼の脳裏にあったのは、「アメリカを戦争に参戦させず平和を訴えれば、再選への道が開かれる」との目算でした。

しかし、その中立政策は偽善でした。実は、彼自身は極めて親英的であり、連合国側への巨額戦費の貸し付けや物資供与を行っていたのです。なお、国務長官のウィリアム・ブライアンは、大統領が中立国の義務を果たさぬことに抗議し、辞任しています。

目論見《もくろみ》どおり再選された翌年（一九一七年）、ウィルソンは、ドイツの「無制限潜水艦作戦」で多数のアメリカ市民の命が失われたこと、メキシコに対して秘密裏《ひみつり》に対米戦争をたきつけていたことを理由に、「平和と民主主義、人間の権利を守る戦い」というレトリックを掲げ、ドイツに宣戦布告します。

戦時中のウィルソンは、ナショナリズムを煽《あお》ることで、国内統制を強化しました。また、戦争遂行のために数十億ドルの公債を発行したほか、南北戦争以来となる徴兵制の復活にも踏み切っています。

こうして戦争の勝利をつかみ、「十四カ条の平和原則」を掲げて意気揚々とパリ講和会議に臨んだウィルソンでしたが、彼が思い描いた戦後体制は無残にも打ち砕かれました。

英仏は、懲罰的な「厳しい平和」を求めて巨額の賠償金をドイツに課します（これが第二次世界大戦勃発の遠因となります）。また、国際連盟は「ベルサイユ条約」に盛り込まれて発足したものの、共和党が多数を占める米上院が、集団的安全保障体制をめぐって紛糾《ふんきゅう》。自律的な交戦権を失いたくない上院は加盟に反対し、結局ウィルソンの夢はついえてしまいます。

こうして振り返ると、ウィルソンの施政は、ワード・ポリティクス（政治の言語化）によって新たな政治的価値を創造し、大衆に巧《たく》みに訴えかけるという「ポピュリズム」の原型と見なすことができます。くわえてウィルソンには、理想主義を掲げつつも、政治的実利のためにはリアリズム（現実主義）に徹するという二面性もうかがえます。実際、のちに起きた日本人移民の排斥運動や黒人差別など、人種が絡む諸問題では、彼の理想主義は影を潜《ひそ》め、差別を容認しています。

その意味では、ウィルソンを「理想主義の仮面をまとったリアリスト」と評することもできるかもしれません。そして、彼が「独裁者的」大統領として行政府の権限を急拡大した結果、ついに連邦議会の反乱は起きたのです。

29 時代の要請に応え「平常への復帰」を目指したウォレン・ハーディング

反旗を翻す連邦議会

内政、外交、戦争（第一次世界大戦）において強権的手法を用い、独裁者のごとく振る舞ったウッドロウ・ウィルソン（第二十八代大統領）。彼が権力の座を退くと、連邦議会の民主・共和両党の議員らは、それまでにない大胆な行動に出ます。一九二〇年の大統領選挙に、政治手腕や大衆的な人気がある「勝てる候補」でなく、「操縦しやすい人物」をそれぞれの候補として擁立したのです。これがのちに「議会の反乱」と称される出来事です。

ウィルソンによって三権分立のバランスが著《いちじる》しく崩されたため、立法府（議会）は、一丸となって行政府の権限を抑制する方向に動きました。それは、第二十六代大統領のセオドア・ルーズベルト（共和党）から第二十八代ウィルソン（民主党）へと続く「進歩主義政治」の流れを絶《た》ち、再び連邦議会に従順な大統領を誕生させたいという強烈な願望の表れでもありました。

その一九二〇年の大統領選挙で、民主党は、新聞社の社主を経《へ》て連邦下院議員やオハイオ州知事（三期）を務めたジェイムズ・コックスを候補に擁立します。対する共和党が指名したのが、ウォレン・ハーディングです。彼もコックスと同様に新聞社の社主を経て政界入りし、大統領選直前まで連邦上院議員を務めていました。ちなみに、現職の上院議員が大統領候補となるのは史上初のことでした。

ハーディングは、オハイオ州コルシカ（現ブルーミング・グローヴ）に生まれました。学生時

ウォレン・ハーディング（1865〜1923）

代は新聞の出版について学び、大学卒業後は友人と資金を出し合い、破綻《はたん》寸前の地方紙を買収して見事に再建しています。その名声をもって、オハイオ州議会議員、オハイオ州副知事、連邦上院議員と、順調に政治の階段を上りました。

ハーディングの特質は、徹底した党へのロイヤルティー（忠誠心）と人望の厚さです。美男子で美声を備え、弁舌もさわやか。温厚な性格で面倒見がよく、誰にでも好かれるタイプでした。そのため、自派閥議員や後援会員の人気も高く、強力な政敵がいなかったのです。

ただ裏返せば、常に抑制的で過剰な自己主張や政治的野心を示さないことを意味し、それゆえに目立つ実績もさほどない「知名度の低い政治家」ともいえます。党のボスらの命じるまま各種選挙に出馬し、彼らの意向に沿って議会で票を投じるという模範議員に徹していたのです。つまり、党のボスらからすれば、これほど「担ぎやすい候補」はなかったのです。

新たな国際協調体制をアジアに

一九二〇年の大統領選挙では、直前に憲法修正第十九条が成立し、初めて白人女性の投票が全州で認められました。彼女たちの中で、特に戦争で愛する夫と息子を亡くした人たちは、戦争を憎《にく》むとともに、戦後の生活に大きな不安を抱《かか》えていました。そして、そうした女性たちの声は、広く一般大衆の切実な願いでもあったのです。

ハーディングは、そんな市民らに対し、「Return to normalcy（平常への復帰）」との言葉を繰り返し訴え、平穏《へいおん》を願う民衆の心をつかみます。その結果、一般投票では約六〇％対三四％と大差をつけて民主党候補を破り、歴史に残る大勝を収めました。

こうして第二十九代大統領に就任したハーディングは、早速、公約の実現に動きます。外交では、国際連盟の加盟を拒絶しつつも、ドイツ、オーストリアと単独講和条約を結び、第一次世界大戦へのアメリカの関与を終結させました。また、欧州各国のアメリカに対する借金の減免にも応じ、ヨーロッパの安定化に寄与します。

さらに、一九二一年十一月から翌年二月にかけて「ワシントン会議」を開催し、三つの条約を締結。アジア・太平洋地域に、新たな国際秩序（ワシントン体制）を構築します。こうした戦後期におけるアメリカの意欲的な取り組みからは、イギリスに代わる世界のリーダーとしての意識の萌芽《ほうが》が垣間《かいま》見えます。

その三つの条約ですが、「海軍軍縮条約」は米・英・日・仏・伊の主力艦の保有比率を定め、際限なき建艦競争に一定の歯止めをかけました。人類による初めての「軍縮」を実現させたのです。続く「四カ国条約」では、米・英・日・仏による太平洋諸島への植民地拡張を禁じるとともに、日英同盟の解消が盛り込まれました。

また「九カ国条約」では、中国の主権尊重と領土保全、門戸開放と機会均等を確認し、同国で列強が足並みをそろえる体制が築かれました。それゆえ、この条約はアジアにおけるベルサイユ体制とも称される「ワシントン体制」の礎《いしずえ》をなします。なお、同条約により日本は、第一次世界大戦中に得た旧ドイツ権益（中国・山東半島における権益）を返還しています。

こうして外交において目立った業績を残したハーディングでしたが、彼のつまずきは内政にありました。当時、アメリカ経済は石炭から石油へ、鉄道から自動車へと時代が変わろうとしていました。大量生産・大量消費で景気は拡大を続け、市民もジャズやダンスを楽しむなど、経済は隆盛しました。いわゆる「Roaring Twenties（狂騒の二〇年代）」の到来です。

それにもかかわらずハーディングの評判が芳《かんば》しくないのは、彼の任期中に重大な政治汚職事件が頻発《ひんぱつ》したためです。情実人事によって政府閣僚に抜擢《ばってき》された側近・支持者らが職権濫用《らんよう》に走り、私欲をむさぼりました。その最たるものが「ティーポット・ドーム事件」でした。内務長官アルバート・B・フォールが、賄賂《わいろ》や違法融資の見返りに、海軍所管の国有油田の採掘権を不当な廉価《れんか》で民間石油会社に貸与したのです。

これが発覚すると、連邦議会はただちに真相究明のための公聴会を開始。大統領の関与は立証されなかったものの、ハーディングの名誉と威信をひどく傷つけました。こうしてハーディングは、疑惑の渦中に病を得て、失意のうちに現職のまま世を去りました。

30 日米対立の火種を防げなかったカルビン・クーリッジ

ランプの明かりの下で宣誓

アメリカ市民の衆望を担って発足したウォレン・ハーディング（第二十九代大統領）政権でしたが、政界を揺るがす相次ぐ汚職事件で人気は急落。大統領自身も、全国遊説《ゆうぜい》先のサンフランシスコで心臓発作（脳疾患ともいわれる）により急逝します。その後任として大統領に昇格したのが、副大統領だったカルビン・クーリッジです。

周囲から「寡黙《かもく》なカル」との愛称で呼ばれていたクーリッジは、清貧《せいひん》・誠実な人柄で市民から厚い信頼を得ていました。また、政治的野心があまりなく、共和党の重鎮らの心象も悪くありませんでした。その意味では、混乱期の事態収拾役には最良の人材だったといえます。

クーリッジは、アメリカ北東部のバーモント州に生まれました。ニューイングランド特有の進取の気風を受け継ぎ、生活態度は勤勉で公共への奉仕活動にも熱心でした。高校を出た後は、マサチューセッツ州のアムハースト大学に進学。卒業後は同州にとどまり、ノーザンプトンで弁護士として働きます。その後、市議会議員に出馬・当選したのを皮切りに、マサチューセッツ州の下院議員、ノーザンプトン市長を歴任。そして、同州上院議員、議長、州副知事を経《へ》て、ついに州知事にまで上り詰めます。

彼の名声を一気に全国的なものにしたのが、ボストン市警察によるストライキへの対応でした。公共の安全を担う警察官のストに憤《いきどお》ったクーリッジは、「いかなる場合も、公の安全を脅《おびや》かすことは容認できない」と宣言して、治安維持のため州兵を出動したのです。

こうした州知事としての行動力を高く評価されたクーリッジは、一九二〇年の大統領選挙で共和党候補者の一人に名を連《つら》ねます。指名をめぐってハーディングと争い、敗れはしたものの、クーリッジを副大統領に推す声が若手を中心に高まり、その座をつかみました。

その後、先述のとおり大統領に就任したクーリッジですが、実は就任に際して彼らしいエピソードがあります。質素な生活を好むクーリッジの家には電気も電話も通じておらず、ハーディング大統領の訃報《ふほう》も急使からの口頭で受け取りました。さらに就任宣誓も、公証人であった父が立ち会い、ランプの明かりの下で行っています。こうした庶民感覚にも、多くのアメリカ市民が共感を寄せました。

平和な時代に混乱の種をまく

有力な派閥を持たないうえに、自身への忠誠心を有さない前政権の閣僚を引き継いだクーリッジの前途は多難でした。しかし、彼は持ち前の資質やクリーンな印象を最大限に生かし、指導力を発揮していきます。

カルビン・クーリッジ（1872～1933）

まず、ハーディングの残任期間を無事に務め上げ、一九二四年の大統領選挙に出馬して勝利します。自らの手で政権を構築したクーリッジは、「アメリカのビジネス（用事）は、ビジネス（商売）だ」「必要以上の税金は合法的強盗である」との信念のもとに、レッセフェール（フランス語で「なすに任せよ」を意味し、「自由放任主義」と訳される）的な経済政策を打ち出します。

政府が企業・個人の経済活動に極力干渉せず、市場の作用に任せる自由放任経済を志向したのです。

そうしてクーリッジは、企業や個人に対する大幅な減税に踏み切ります。さらには政府支出を減らし、財政バランスの健全化にも取り組みました。折しもアメリカ経済は、前政権期から「狂騒の二〇年代」に突入しており、空前の好景気にありました。その結果、自由放任経済は景気をさらに過熱させたのです。

外交においては、副大統領に抜擢《ばってき》したチャールズ・ドーズに「ドーズ案」をまとめさせ、第一次世界大戦の敗戦国であるドイツの戦後賠償額の軽減に努めました。また、国務長官のフランク・ケロッグは、フランス外相と「ケロッグ＝ブリアン協定（パリ不戦条約）」を締結。武力による問題解決を国際法によって禁じます。

こうしてクーリッジは、大過なく任期を全《まっと》うしました。その最後は「沈黙の護身術」を体得していた彼らしく、わずか十個の単語――「次の大統領選に出馬しない」――を並べた簡潔な意思表明をもって、政治の表舞台からきっぱりと身を引きました。

しかし混乱の種は、平和や安定の時代にこそ芽吹くものです。クーリッジによる自由放任政策はバブル経済を招き、それが一九二九年からの世界恐慌の一因となりました。また、ドーズ案の締結で復興途上にあったドイツ経済も、この恐慌の余波をもろに受け、ナチス台頭の土壌が形成されます。さらに「法」で禁じたはずの戦争も、中国での満州事変などと名称を変えて、各地で勃発《ぼっぱつ》しました。くわえて、良好であったはずの日米関係も困難な時代を迎えます。大統領選挙の年に成立したいわゆる「排日移民法（一九二四年移民法）」は、両国の関係に深刻な禍《か》根《こん》を残し、太平洋戦争の遠因ともなりました。

当初、同法には排日の要素はなく、規定に沿って日本からの移民が年間百四十六人に制限されることになっていました。ところが、法案審議の過程で西海岸の一部議員らが横やりを入れ、議会の排日機運を高めたのです。その結果、ほかのアジア人同様、日本人移民も完全に排斥《はいせき》されます。日本との関係を案じたクーリッジは、「この法案は日本人を差別しており、遺憾《いかん》に思う」との声明を出して不支持の立場を堅持します。しかし、最終的に連邦議会の圧力に屈し、拒否権を発動するには至りませんでした。

排日移民法の成立は、当時五大国（米・英・仏・伊・日）の一員となっていた日本の国家的威信を毀損《きそん》しました。結果的に日本人の反米感情を高揚させ、多くの人が軍部や右翼団体の主張に同調するようになっていきます。

こうして日本は明治維新以降の脱亜入欧の歩みを止め、アジアの盟主たらんと大陸進出へ突き進みます。しかしこの時点では、それがやがて悲劇を招来することに、まだ誰も気づいていなかったのです。

31 危機への対処を誤り、恐慌を回避できなかった ハーバート・フーバー

偉大な人道主義者

レッセフェール（自由放任主義）的な経済政策によって、アメリカに空前の好景気を創出したカルビン・クーリッジ（第三十代大統領）。しかし、彼は再選を望まず、退任の道を選びます。

この決断により、共和党は一九二八年の大統領選挙に向けて候補の検討を余儀《よぎ》なくされました。

そして熟議の結果、指名されたのがハーバート・フーバーです。

フーバーは、克己心《こっきしん》を持った苦労人として知られます。アイオワ州の田舎町ウエストブランチ

に生を受け、九歳で両親を亡くし、オレゴン州ニューバーグの親戚に預けられます。そこで働きながら夜学に通い、教養を高めました。

やがて創立間もないスタンフォード大学に進学し、地質学を専攻。在学中には、スポーツクラブの運営や学生自治会の財政再建など個性あふれる活躍で、リーダーシップを発揮します。

卒業後は鉱山技師となり、オーストラリアほか世界各地の鉱山で優れた経営手腕を振るいました。清国（中国）駐在中の一九〇〇年には、「義和団事件」が勃発《ぼっぱつ》。一カ月もの間鉱山が包囲される中、彼はバリケードを築き、従業員らを守り抜いています。

一九一四年に第一次世界大戦が始まると、今度は私財をなげうって在欧アメリカ人の救援に奔走《ほんそう》。のちにウッドロウ・ウィルソン（第二十八代大統領）が参戦を決めると、食糧庁長官に指名され、引き続き戦争罹災《りさい》者支援に取り組みました。

ハーバート・フーバー（1874〜1964）

また、一九一七年に起きた「ロシア革命」では、反共の信条を抑え、ソ連の人々に救済の手を差し伸べています。こうしてフーバーの名は、偉大な人道主義者として世界に広く知れ渡るようになりました。

その後ウィルソン大統領が死去すると、フーバーは共和党支持に転向します。それまでの名声もあって党内で存在感を高めていったフーバーは、ウォレン・ハーディング（第二十九代大統領）、クーリッジの両政権下で、経済政策を担う商務長官に就任。行動力のある長官として、空前の好景気を主導したのです。

自国優先主義が招いた不幸

こうして迎えた一九二八年の大統領選挙。候補指名の受諾演説に立ったフーバーは、「貧困がこの国から消え去る日は近い」と豪語します。そして、「どの鍋にも鶏一羽を、どのガレージにも車二台を」との公約で圧勝しました。

しかし、大統領就任から間もなく、政権を揺さぶる大事件が発生します。一九二九年十月二十四日、ウォール街（金融街）のニューヨーク証券取引所で突如《とつじょ》株価が大暴落。恐慌の時代へと突入したのです。

第一次世界大戦後の米経済は、農業も工業も有効需要を超える生産過剰の状態でした。それにもかかわらず、過度な投機がなされていたのです。そして、経済実態と乖離《かいり》した株価がはじけた結果、企業に融資（投資）していた銀行に預金者が殺到し、取り付け騒ぎが勃発。やがて騒動で銀行が倒産すると、融資の止まった企業が連鎖的に倒産の危機に瀕《ひん》して、経営者は大量解雇に踏み切らざるを得なくなりました。

こうして町は失業者であふれ、その数は一九三〇年に四百三十四万人（全労働人口の約八・七％）、三一年に八百二万人（同一五・九％）と増大。三三年には、千二百八十三万人（同二四・九％）にまで達します。人々は新聞紙をかぶって飢《う》えと寒さをしのぎ、公園や空き地には、段ボールや廃材で建てた小屋が乱立しました。すると民主党やメディアは、これらの小屋を「フーバービル」、新聞紙を「フーバーブランケット」と揶揄《やゆ》して、政権を責め立てたのです。

ところがフーバーは、状況を完全に見誤ります。未曽有《みぞう》の経済恐慌をこれまでと同様の「周期的なもの」と考え、有効な施策を即座に打ち出さなかったのです。

特に、致命的だった失策が三つあります。一つは「スムート・ホーリー法（一九三〇年関税法）」への署名です。外国の農産物・工業製品三千三百品目のうち、八百九十品目の関税を三三％から四〇％に引き上げた同法は、国内産業保護で高賃金を維持しようとの試みでした。しかし、諸外国も報復関税措置に踏み切ったため、さらなる貿易不振を惹起《じゃっき》させます。くわえて、高賃金を求められた企業側も、人件費削減のためのリストラを行わざるを得ず、恐慌の傷口を一気に広げました。

二つ目は、ドイツの戦争賠償金の支払いを一年猶予《ゆうよ》する「フーバー・モラトリアム」（一九三一年実施）です。フーバーは、これにより世界への恐慌拡大を阻止しようとしましたが、必要なのは債務免除でした。

三つ目は「ボーナス・アーミー」への対応です。一九三二年六月、約三万一千人もの復員軍人とその家族らが、恩給（ボーナス）の繰り上げ支給を求めて首都ワシントンに集いました。これに対しフーバーは、ダグラス・マッカーサー（のちの連合国軍最高司令官）に軍の出動を命じ、平和裏《り》に解散させるよう命じます。

ところがマッカーサーは、この意向を無視し、行進参加者を力ずくで追い払う暴挙に出たのです。結局これが政権の致命傷となり、フーバーは一期四年での退任に追い込まれました。また、共和党自体も、これ以降約二十年の雌伏《しふく》を味わうことになります。

フーバーの軌跡に学ぶべきは、「責任ある大国は、常に矜持《きょうじ》と使命を忘れてはならない」という教訓です。彼が高関税政策を取らなければ、欧州列強は通貨ごとのブロック経済圏を形成することもなかったでしょうし、資源と領土を「持たざる国」であるドイツ・イタリア・日本が、全体主義的な方向へと突き進むこともなかったのではないでしょうか。

32 二つの世界的危機に果敢に立ち向かった フランクリン・D・ルーズベルト

偉大な遠縁セオドアへの憧れ

突然の株価暴落に端を発する世界恐慌（一九二九年）。その大波は、瞬《また》く間《た》にアメリカ経済をのみ込みました。わずか二年で工業生産高は三割以上急落し、四年で約九千の銀行が破綻《はたん》。失業率が二四・九％（三三年）に達する中で、経済格差も一気に拡大し、市民生活は困窮を極めました。

こうした中で、市民はこの難局を突破できる強い指導者を求めるようになります。そこに登場したのが、第三十二代大統領のフランクリン・デラノ・ルーズベルト（通称ＦＤＲ）です。

ルーズベルトは、ニューヨーク州ハイドパークで生まれました。先祖はユダヤ系オランダ移民で、枝分かれした遠縁にセオドア・ルーズベルト（第二十六代大統領）がいるなど、独立戦争以来の名門です。

裕福な地主だった父は、早くから社会的成功を収め、経済界で一目置かれる存在でした。一方、母は難産の末に授かった一人息子ということもあって、彼を溺愛します。専属の家庭教師が付き、同世代の子どもたちと触れ合う機会はほとんどなかったといわれています。

その後、ルーズベルトは十四歳でエリート養成校のグロトン校へ進学します。しかし学業は振るわず、平均的な成績でハーバード大学に進学。卒業後はコロンビア大学ロースクールで学び、司法試験に合格してすぐに中退しました。

ちなみにアナ・エレノア・ルーズベルト（セオドアの姪《めい》）とは、ロースクール在学中に結婚しています。ルーズベルトは、政界で活躍するセオドアへの憧《あこが》れもあって、このころから政治に強い関心を抱《いだ》くようになります。

やがてルーズベルトは、ニューヨーク州の上院議員選挙に民主党から出馬（一九一〇年）。反タマニー・ホール（民主党のボス政治）の公約を掲《かか》げて圧勝すると、同党の若きリーダーとして頭角を現します。一九一三年には、ウッドロウ・ウィルソン（第二十八代大統領）政権下で海軍次官に抜擢《ばってき》。同職には、かつてセオドアも就任しており、ルーズベルト自身も大いに喜びました。

　共和党のセオドアと民主党のフランクリン――所属する党は異なるものの、「反ボス政治」や「庶民の擁護《ようご》」といった政治志向（革新政治）は共鳴し合っていました。そのため、周囲からは、ルーズベルトもセオドアと同じ軌跡を歩んで大統領になると目されていたのです。

　ところが、ルーズベルトを副大統領候補に指名した一九二〇年の選挙で、民主党は敗北。さらに不幸は続き、二一年の夏、突如《とつじょ》病（ギラン・バレー症候群という説が有力）にかかり、車椅子《いす》での生活を余儀《よぎ》なくされたのです。現代ほど障害者に対する理解がない時代、政治家としてのルーズベルトの将来を多くの人が悲観しました。

フランクリン・D・ルーズベルト（1882〜1945）

市民に直接語りかけ政治の信頼を取り戻す

しかし、苦境に置かれたときこそ真価を発揮するのが、ルーズベルトの本領です。折しも、当時はラジオ全盛の時代。彼のハンディキャップはあまり世に知られることなく、むしろその快活な美声が大きな武器となりました。

ニューヨークを中心に政治活動を行っていたルーズベルトは、一九二九年のニューヨーク州知事選に出馬し、見事に勝利して改革派知事として政治を推し進めます。

その勢いのまま、今度は大統領選挙（一九三二年）に出馬。恐慌にあえぐ米市民に対し、「ニューディール（新規まき直し）」を訴え、失政を重ねた現職のハーバート・フーバーに勝利します。全米四十八州中四十二州で勝利し、選挙人五百三十一人中四百七十二人を獲得する地滑り的大勝でした。

大統領選を制したルーズベルトは、三月四日に就任（現在は一月二十日）するまでの時間的猶《ゆう》予《よ》を生かし、「ブレーントラスト」（著名な有識者らで構成される政治顧問グループ）を組織。ニューディール政策の細部を詰める作業に着手します。

そして、就任演説で「The only thing we have to fear is fear itself.（我々が恐れるべきは、恐

怖それのみだ）」と宣言するや、三月九日に特別議会を招集。ニューディールの基本となる多数の政策を成立させたのです。

目下の金融危機に対しては、緊急銀行救済法を成立させ、信用不安の払拭《ふっしょく》に努めています。法的根拠の不確かな「対敵通商法」をあえて持ち出し、バンクホリデー（銀行休業日）を設定。全米の銀行を一時閉鎖する一方で、銀行への監査や連邦政府による銀行支援を盛り込んだ法案を、就任からわずか五日で通過させたのです。

このようにルーズベルトは、矢継ぎ早に政策を断行する傍ら、自らその政策について直接市民に語りかけています。州知事時代から活用してきたラジオ放送を通じて、市民を鼓舞し続けたのです。これはのちに「ファイヤーサイド・チャット（炉辺談話）」と呼ばれ、市民とともに歩むルーズベルトの象徴的な行為となります。

こうして米市民は、徐々に希望を取り戻し、政治へ信頼を寄せるようになります。そしてこの信頼こそが、ニューディール政策推進の原動力となったのです。

賛否、功罪が分かれるニューディール政策

第一期、第二期と続いたニューディール政策は、驚くほど広範多岐となります。その核心は、

従来のレッセフェール（自由放任主義）的な経済政策を改め、政府が目に見える形で積極的に介入することにありました。

すなわち、大規模な財政出動によって公共事業を起こし、雇用を創出する。また、市民の自助努力に依拠する旧来型の国家運営を排し、連邦政府が社会保障を充実させ、市民の暮らしを守る。そうして市民の購買力を底上げして内需回復と産業振興を図《はか》り、恐慌を克服しようとしたのです。

ここでルーズベルトが進めた政策の中で、彼の思想が如実《にょじつ》に表れているものを二つ紹介します。

一つは、「TVA（テネシー川流域開発公社）」の創設です。一九三三年に設立された同公社は、七つの州にまたがる約十万六千平方キロメートルもの広大な地域の総合的開発を担いました。世界史をひもといても、前例なき規模の地域開発プロジェクトでした。

TVAは何百万人もの失業者を雇用。一九三三年から四四年にかけて十六基のダムを建設し、農地拡大と観光振興を図りました。また、水力発電の導入により、農村の工業化と近代化学工業の発展にも寄与しました。これらの発電所の多くは現在も稼働しており、約九百万人に電力を供給しています。

もう一つは、「WPA（公共事業促進局）」の設置です。一九三五年に発足した同局は、失業者の直接雇用を推進しました。これにより、のべ八百五十万人以上が雇用され、水道・道路・橋脚・公園の建設などに従事しました。

WPAで印象的なのは、社会的に弱い立場にある人々を優先的に雇用した点です。生活保護受給者を率先して雇用したほか、学者・俳優・芸術家・音楽家などにも専門性を生かした仕事を創出して、アメリカの活力を取り戻そうとしています。たとえば、俳優や音楽家によって二十二万五千件もの無料公演が開催されていますが、そこにはのべ一億五千万人の市民が詰めかけ、社会の雰囲気を明るくしました。

しかしながら、いかなる政策にも成否や功罪の議論はつきものです。実際、ニューディール政策の歴史的意義についても、その議論は今なお続いています。

批判的な意見には、「手法が強引で非民主主義的だ」「国家財政を極端に悪化させただけで、景気浮揚には貢献しなかった」といったものがあります。現代の経済学者の見解でも、「ニューディール政策は失敗だった」とされ、「アメリカが恐慌の渦《うず》を抜け出せたのは、第二次世界大戦への参戦に伴う特需による」というのが定説です。

ただし、それをもってルーズベルトの政策がすべて失敗だったと決めつけるのは、いささか不適切に感じます。なぜなら、すでに述べたように、絶望のふちにあった米市民を鼓舞して希望を与え、政治への信頼を取り戻したからです。さらにいえば、ルーズベルトの政策があったからこそ、「連邦政府は、市民の生活を守らねばならない」との共通認識が、政治家にも、市民の間にも芽生えたのです。

世界の命運を左右した一九三三年

前例なき規模の財政出動によって雇用創出がなされると、アメリカ社会は徐々に平静を取り戻していきます。経済状態は依然として厳しかったものの、市民は団結して世界恐慌という危機を乗り越えようとしたのです。

一方、国際社会にも同様の動きが見られました。世界の指導者らの間に「協調して危機を克服しよう」との機運が生まれ、イギリスの提唱で「ロンドン世界通貨経済会議」（一九三三年）が開催されたのです。会議には六十四カ国の代表が集いましたが、満州撤退勧告決議による国際連盟脱退通告から間もない日本も参加しています。

会議の主要議題は二つ。一つは世界経済の復興で、第一次世界大戦における対米債務の返済が焦点になりました。恐慌の影響でドイツの戦後賠償継続が事実上不可能になったため、欧州諸国の対米債務についても、免除してほしいとの声が上がったのです。

もう一つの議題は、通貨の安定です。各国は世界の基軸通貨たる「ドル」の金本位制（自国通貨と金を一定比率で交換できる制度）への復帰を求めました。

各国は、アメリカが国際秩序安定のために応じるだろうと期待しました。ところがルーズベルトは、冷淡な対応に終始します。対米債務は、議論の俎上《そじょう》に載せることすら拒否。将来的な金本位制への復帰についても拒絶し、結局会議は失望のうちに決裂しました。

背景には、自国の不況対策に手いっぱいで、債務免除に応じる財政的余力がなかったことがありました。また、金本位制への復帰拒否は、それによってドルの人為的切り下げ（通貨安）を誘導し、インフレ（物価上昇）による景気回復を狙ったことも指摘されています。

「持てる国」と「持たざる国」の激突

このルーズベルトの判断は、いまだに議論の的《まと》になっています。ですがアメリカが自国を優先したことで、国際協調の機運が消滅したのは事実です。やむなく各国は、自国生存のための「ブロック経済圏」構築に舵を切りました。

豊富な資源を背景に、「孤立主義」の選択が可能だったアメリカは、南北米大陸を一つの経済圏として、ドル・ブロックを形成。世界中に植民地を持つイギリスは、支配地を再編してイギリス連邦を発足させ、特恵関税で結ばれたスターリング（ポンド）・ブロックを構築します。

同様にフランスも、金本位制の堅持を旗印に、オランダ、ベルギー、スイスとともにフラン・ブロックを形成しました。

他方、広大な国土や資源、植民地を持たないドイツ、イタリア、日本は、独自の経済圏を確立すべく、勢力拡大を急ぎます。ドイツは国際連盟を脱退して欧州制覇に乗り出し、イタリアは北アフリカ侵攻に向かい、日本は「東亜新秩序」を掲げて中国大陸への進出を始めました。世界は恐慌によって分断され、領土や資源を「持つ国」（米英仏など）と「持たざる国」（日独伊）の対立へと追い込まれていったのです。

このような状況下にあって、ルーズベルトは従来の対外政策も変更し、ソビエト連邦（旧ソ連）を国家として承認します。これは根強い反共産主義の国内世論や、独裁者ヨシフ・スターリンを警戒するウィンストン・チャーチル（のちの英国首相）らの忠告を振り切っての決断でした。そこには、ドイツへの牽制《けんせい》とソ連市場の獲得というもくろみがあったのです。

いまだにアメリカで根強い人気を誇るルーズベルトですが、この選択については多くの識者が批判しています。そもそもスターリンの本質からすれば、「話せば理解し合える」というのはあまりに短絡的です。くわえて、「ドイツなき後はどうなるのか」というところまで、展望が描けていたとは思えません。実際、米ソは戦争終結直後から、長き冷戦状態に陥《おちい》ります。

ともあれ、こうして世界は分断と対立を続ける中で、運命の日を迎えます。一九三九年九月、ドイツ軍が突如《とつじょ》ポーランドに侵攻。数日後にはソ連もポーランドに侵攻し、第二次世界大戦が勃発《ぼっぱつ》したのです。

アドルフ・ヒトラーとの融和を模索してきた英仏は和平を断念し、ドイツへの宣戦布告に踏み切ります。そしてルーズベルトも、世界の民主主義を擁護すべく、ファシズム打倒の戦いを決意します。

ルーズベルトは、参戦を望まぬ世論に配慮しつつ、着実に布石を打っていきました。議会を説得して「中立法」（交戦国への武器輸出を禁止）を改正し、イギリスへの武器輸出を開始。参戦せずして、連合国を支援し得《う》る方途を確立したのです。こうした姿勢が評価され、一九四〇年の大統領選挙では、アメリカ史上初の三選を果たします。

翌一九四一年一月の一般教書で、ルーズベルトは歴史に名高い「四つの自由」（言論と意思表明の自由、信仰の自由、欠乏からの自由、恐怖からの自由）を主張。ファシズムとの対峙《たいじ》を訴えた演説は、のちの「大西洋憲章」の礎《いしずえ》となります。

また同年三月には、「レンドリース法（武器貸与法）」を制定。連合国側に銃器・戦車・船舶・航空機ほか、総額五百億ドル分の軍事支援を実施し、物量戦となっていた大戦の流れを連合国側に引き寄せました。

ただしこの時点でも、アメリカは正式な参戦を果たしていませんでした。その理由は、国民の間で、「ヨーロッパの運命は、ヨーロッパ自身によって決すべき」という声が支配的だったからです。そのためルーズベルトも、「直接攻撃されない限り、アメリカは参戦しない」と表明せざるを得なかったのです。

学ぶべきは民主主義の脆さ

皮肉なことに、そんなルーズベルトに参戦の口実を与えたのが日本でした。一九四一年十二月、米太平洋艦隊が駐屯《ちゅうとん》する真珠湾《しんじゅ》を、日本軍が奇襲攻撃したのです。

ルーズベルトは、日本の宣戦布告が手違いで遅れたことを逆手に取り、「卑劣なだまし討ち」と喧伝《けんでん》。瞬く間に「リメンバー・パールハーバー（真珠湾を忘れるな）」のスローガンが生まれ、参戦やむなしの機運が全米を覆《おお》います。

さらに、ルーズベルトにとって好都合だったのは、真珠湾攻撃直後に、ドイツが対米宣戦布告をしたことです。これにより、アメリカは欧州戦線にも関与することが可能となりました。

アメリカによる参戦は、戦局を大きく動かします。その多大な資源と軍事力は、真珠湾攻撃からわずか数カ月後に、日本の占領政策立案に着手できるほど圧倒的なものでした。こうして戦争は連合国側の勝利に終わりましたが、ルーズベルトはその勝利を見届けることなく、脳出血で病没します（一九四五年四月）。前人未到の大統領四選から、わずか半年後のことでした。

戦時指導者として類《たぐ》いまれなリーダーシップを発揮したルーズベルトですが、途中で過《あやま》ちも犯しています。その代表例といえるのが、彼の人種的偏見に基づく日系アメリカ市民の強制収容政策です。戦争という非常時とはいえ、民主主義国家を謳《うた》う合衆国憲法が蔑《ないがし》ろにされたわけですから、拭《ぬぐ》い難《がた》い汚点といわざるを得ません。

ここまで、世界史に残る二大危機を前に、ルーズベルトが何を考え、どういう判断を下したのかを見てきました。では、私たちはその軌跡から何を学ぶべきでしょうか。私は「民主主義の脆《もろ》さ」だと考えます。

私たちは日々、民主主義の恩恵たる自由を謳歌《おうか》しています。しかし、これが天賦《てんぷ》や所与のものと理解すべきではありません。国家指導者が選択を誤り、民衆がそれを黙認したときには、民主主義はいとも簡単に、全体主義へと変容するのです。先に述べたブロック経済圏の誕生や第二次大戦の勃発、戦争中の日系人への迫害などはその象徴といえるでしょう。

第 5 章

冷 戦 期

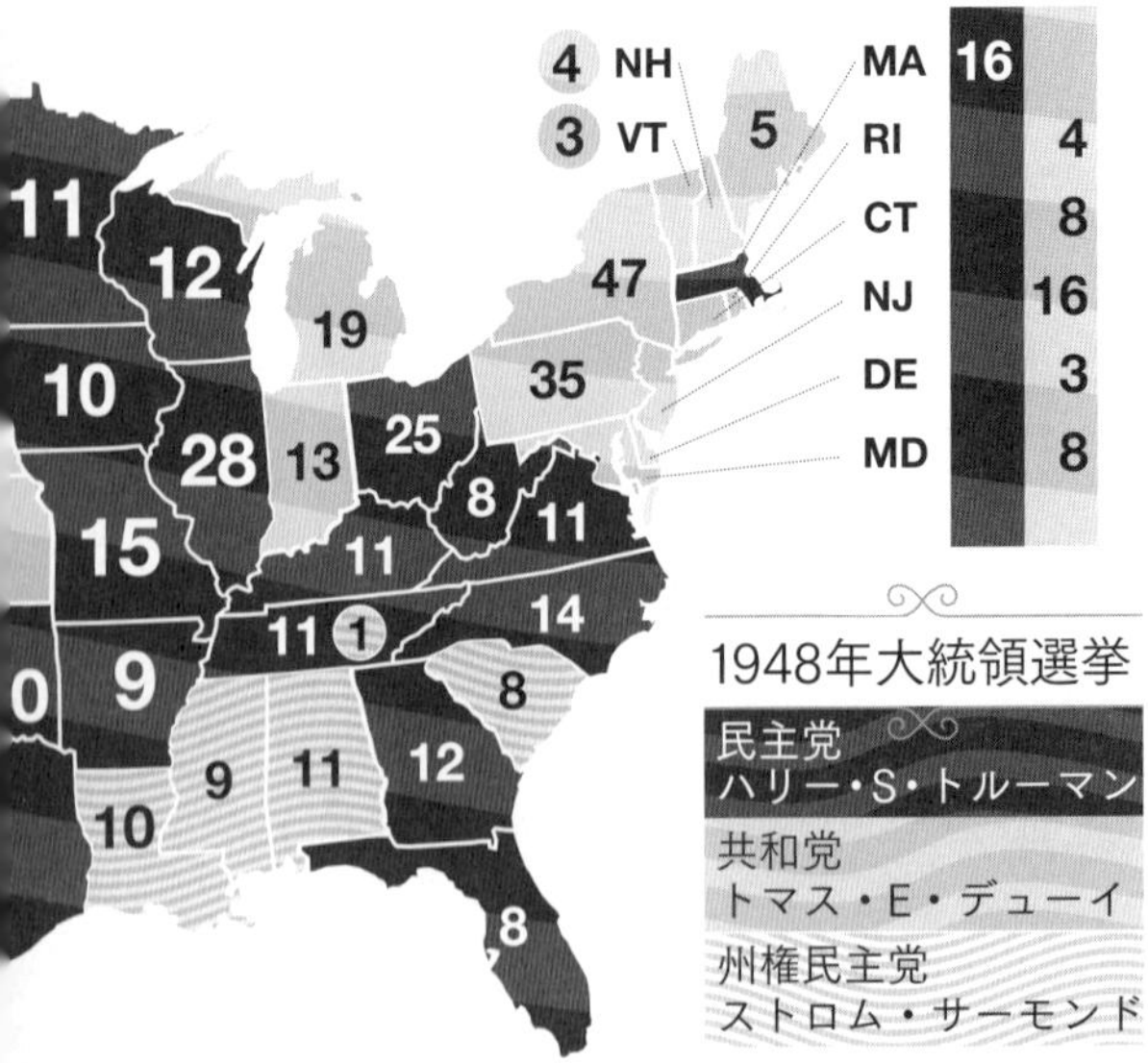
4 NH
3 VT
5
47
MA 16
RI 4
CT 8
NJ 16
DE 3
MD 8
11
12
19
10
35
28
13
25
8
11
15
11
11
1
14
0
9
8
9
11
12
10
8
民主党
ハリー・S・トルーマン
共和党
トマス・E・デューイ
州権民主党
ストロム・サーモンド

1948年大統領選挙

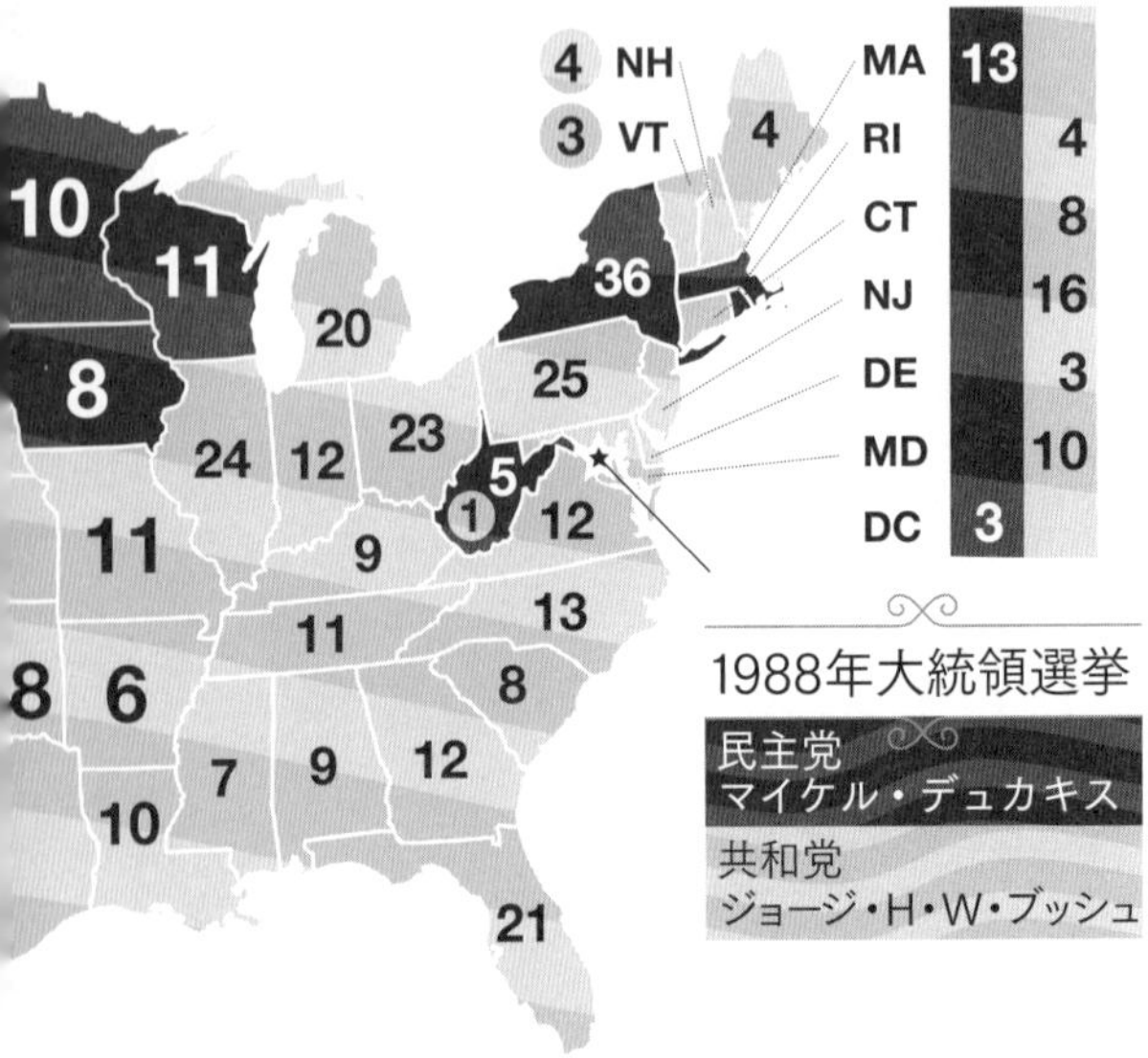
4 NH
3 VT
4
MA 13
RI 4
CT 8
NJ 16
DE 3
MD 10
DC 3
10
11
36
20
8
25
24
12
23
5
1
12
11
9
13
11
8
6
8
7
9
12
10
21
民主党
マイケル・デュカキス
共和党
ジョージ・H・W・ブッシュ

1988年大統領選挙

州別獲得選挙人分布図
（1948年, 1988年）

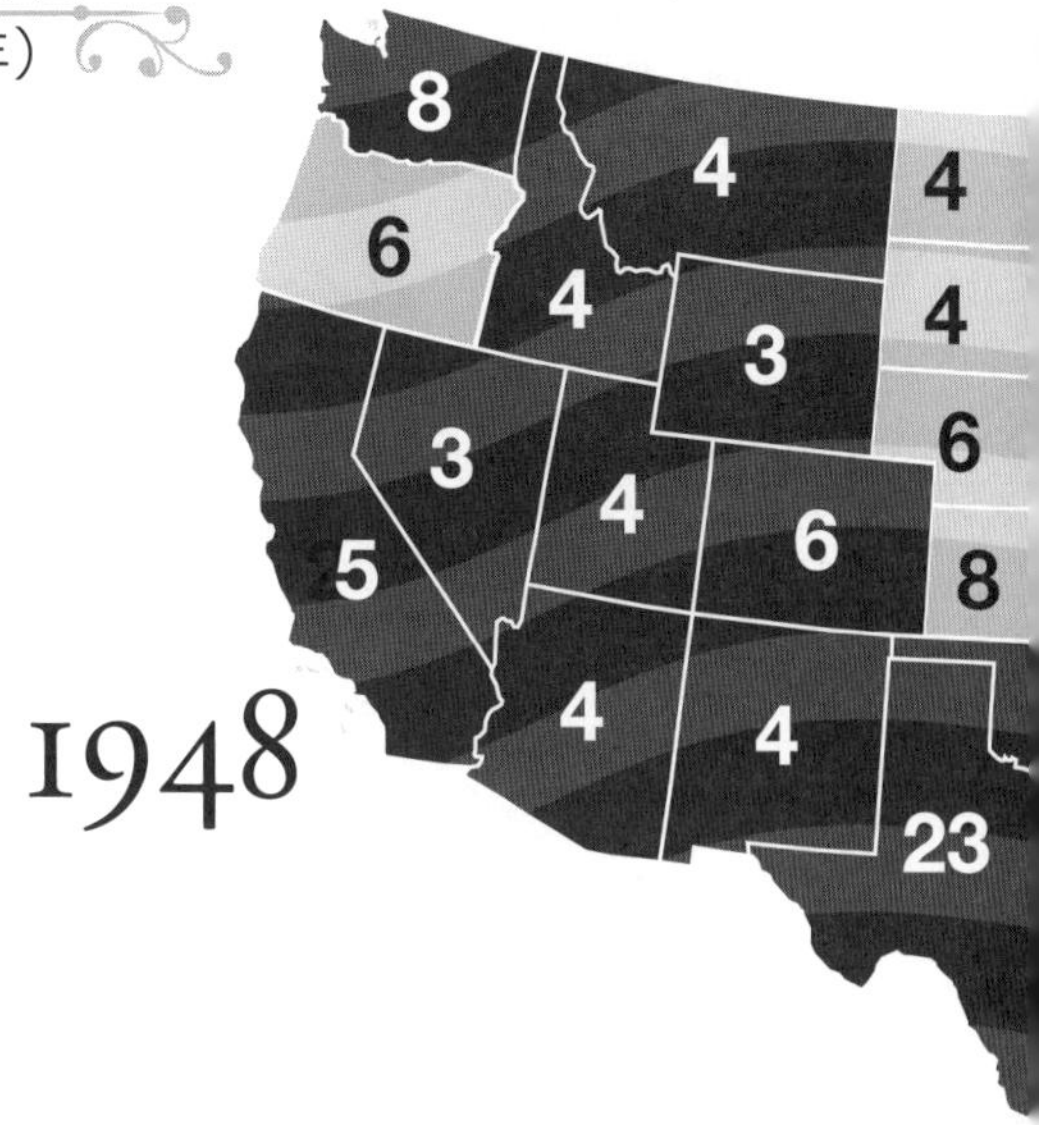

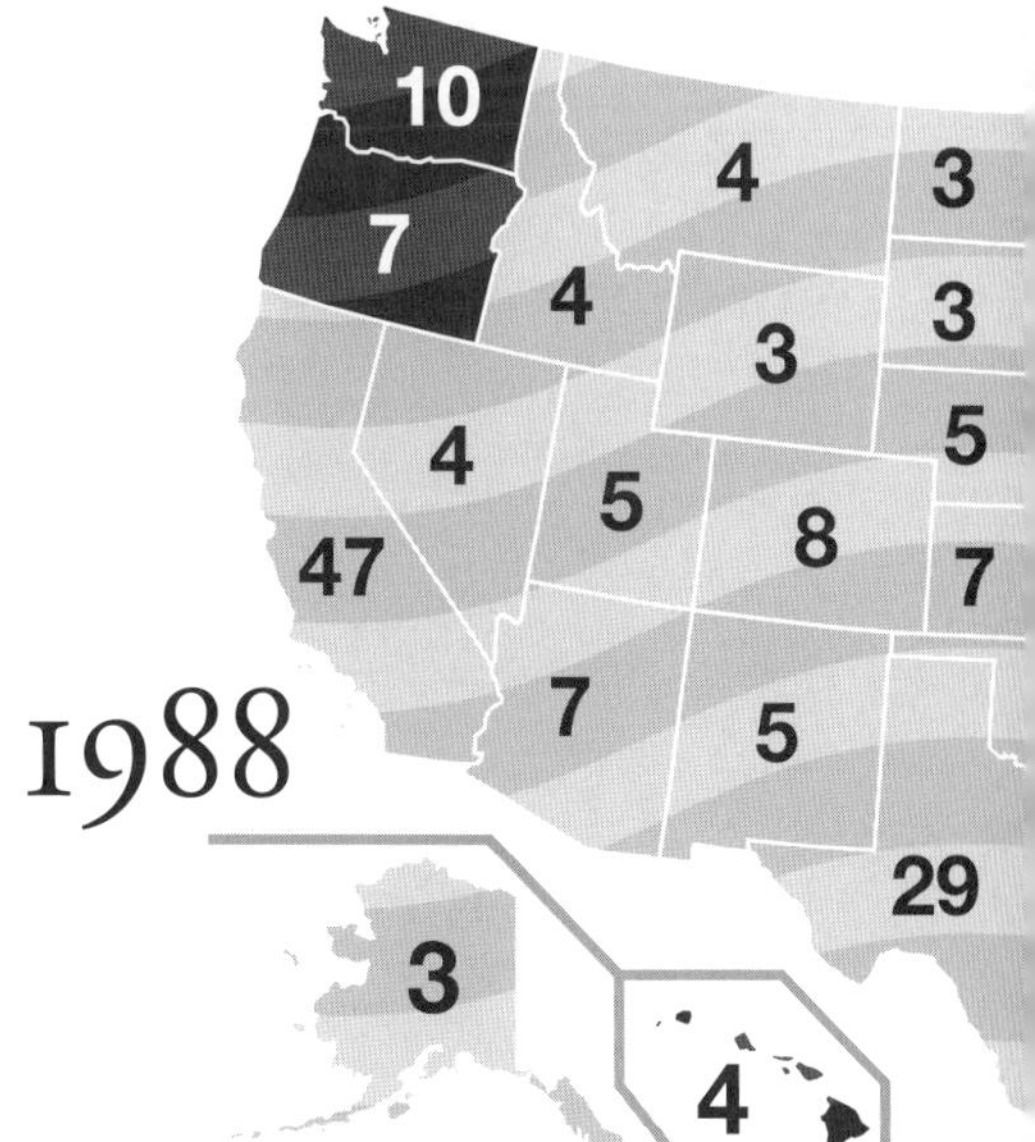

33 戦後の国際秩序を築いた庶民出身の大統領 ハリー・S・トルーマン

「棚ぼた」ではなかった大統領就任

体の不自由を抱《かか》えながら第二次世界大戦を指導していたフランクリン・D・ルーズベルト（第三十二代大統領）ですが、その重責は確実に彼の体をむしばんでいました。そして、前人未到の四選からわずか半年後の一九四五年四月十二日、ルーズベルトは急逝。その後を受け継いだのが、ハリー・S・トルーマンです。

副大統領からの昇格という形で第三十三代大統領に就任したトルーマンは、大戦を勝利に導き、戦後の国際秩序を構築した人物として知られます。しかし日本では、「原子爆弾（原爆）

の使用を許可した人」というイメージが強いのは否めません。

トルーマンは生粋《きっすい》の「commoner」（庶民）であり、たたき上げの大統領です。アメリカ中西部ミズーリ州に生まれ育ち、高校卒業後は新聞社（郵便仕分け係）や銀行（事務職）などで働きました。また、父から引き継いだ農場も営み、自ら汗を流しています。常に経済的に苦しく、高等教育を受ける機会に恵まれなかったため、最後の〝非大卒〟大統領と呼ばれています。

一九一四年に第一次世界大戦が勃発《ぼっぱつ》するといち早く志願し、砲兵部隊に入隊。努力を重ね、大尉《たいい》にまで昇進しました。その後、ミズーリ州最大の都市であるカンザスシティーに移り、友人らと衣類販売業を始めたものの失敗。やがて同州の政治ボスの勧めで民主党に入党して政治活動を始め、その引き立てでジャクソン郡判事、連邦上院議員と栄進していきます。

一九四一年、そんなトルーマンに転機が訪れます。軍事費の適正使用に関する調査を行う委員会が設立され、その中心メンバーに選ばれたのです。彼の活躍によって、実に百五十億ドルもの軍事費節減が可能となり、その仕事ぶりは広く知れ渡りました。

そして一九四四年の大統領選挙において、四選を目指すルーズベルトの副大統領候補として指名を受けます。周囲から閣僚経験や外交経験の乏《とぼ》しさを指摘されていたトルーマンでしたが、特定の派閥に属していないことが決め手となりました。ルーズベルトとしても、大戦中の党の分裂は是が非でも避けたかったのです。

付言すれば、ちまたではトルーマンの大統領就任が「棚ぼた」であると受け止められましたが、決してそうではありませんでした。副大統領候補に選出された時点で、周囲は「実質的な次期大統領の指名に等しい」と理解していたのです。それほど当時のルーズベルトの病状は深刻だったからです。

現在に至る安全保障の土台を築く

大戦終盤の重大局面を引き継いだトルーマンですが、その前途は多難でした。副大統領時代にルーズベルトとは二度しか面会したことがなく、政策の意思決定に関しても完全に蚊帳《かや》の外だったのです。たとえば、「マンハッタン計画」（原爆の製造計画）の全容を把握できたのは、大統領就任から二週間後でした。

そのためトルーマンは、アメリカの置かれた状況を把握しつつ、眼前の課題に全力でぶつか

ハリー・S・トルーマン（1884〜1972）

っていきます。まずナチス・ドイツを降伏に追い込み、ヨーロッパに平和を取り戻します。彼は、「ヨーロッパ戦勝記念日」（一九四五年五月八日）と自身の誕生日が重なったことをひそかに喜んでいたそうです。

続けて、ドイツの戦後処理と対日戦の終結を協議すべく、英ソ首脳とドイツのポツダムで会談します。そこで、かの有名な「ポツダム宣言」を発表し、日本に降伏を迫ります。そして日本政府がこれを「黙殺」すると、ポツダム会談の最中に実験成功の報に触れたばかりの原爆を、日本に投下する決断を下したのです。

こうしてドイツ降伏の約三カ月後に日本も降伏し、第二次世界大戦が終結しました。ちなみに、降伏調印式の場所に戦艦ミズーリの甲板上が選ばれた理由は、トルーマンの郷里にちなむとされています。

大戦終結後、トルーマンは休む間もなく国際秩序の構築に奔走《ほんそう》します。彼は二度の大戦の経験を踏まえ、アメリカは孤立主義を排して積極的に世界情勢に関与し、国際協調を促進すべきと考えました。その第一歩として推進したのが、国際連合の発足（一九四五年十月二十四日に活動開始）です。

また、一九四七年三月十二日には、議会で特別教書演説を行い、対外政策の礎《いしずえ》となる「トルーマン・ドクトリン」を発表しました。ソ連の勢力拡大が東欧諸国に及ぶ中、共産主義を封じ込める意思を鮮明にしたのです。

　この流れの中で「国家安全保障法」を成立させ、安全保障と外交政策を統合する「ＮＳＣ」（国家安全保障会議）を創設しています。ほかにも陸・海・空の三軍を統括する「国防総省」を新設し、「ＣＩＡ」（中央情報局）も発足させました。こうしてトルーマンは、現在へと至るアメリカの安全保障の土台を築いたのです。

　さらに、トルーマンは当時国務長官だったジョージ・マーシャルに欧州復興計画（マーシャルプラン）をまとめさせ、百億ドルを超える莫大《ばくだい》な援助を供与しました。同プランによって欧州の経済復興に弾《はず》みがつき、民主主義の安定にも大きく寄与したのです。

　他方、ソ連が一九四八年六月に突如《とつじょ》西ベルリン（米・英・仏の共同占領区）を封鎖した際には、対ソ戦を主張する米軍首脳を抑えつつ、「ベルリン大空輸」に踏み切っています。西ベルリンの空を覆《おお》い尽くすほどの空輸機で、次々と燃料や食料、日用品を輸送し、封鎖を無力化したのです。トルーマンはこの出来事を機に、ソ連など共産圏との対立は不可避と判断します。そこで西側諸国に働きかけ、「ＮＡＴＯ」（北大西洋条約機構）を発足させました。この集団安全保障体制は、ジョージ・ワシントン（初代大統領）以来の対外方針の基本（いかなる国とも同盟を結ばない）を覆《くつがえ》すとともに、西欧自由主義陣営が、結束してソ連と対峙《たいじ》する枠組みを整えたのです。

原爆投下の苦渋の決断

こうして「東西冷戦」体制を現出させたトルーマンですが、彼の真価が発揮されたのは、大敗の予想を覆し、逆転勝利を果たして迎えた二期目だと私は考えています。

一九五〇年六月に朝鮮戦争が勃発。中ソ支援の朝鮮民主主義人民共和国（北朝鮮）と、アメリカおよび国連支援の大韓民国（韓国）が激突しました。戦局が韓国不利に傾くと、国連軍司令官のダグラス・マッカーサーは、中国との全面戦争および同東北地方への核攻撃を訴えたのです。

第三次世界大戦を惹起《じゃっき》しかねないこの要請に、トルーマンは驚愕《きょうがく》しました。より衝撃だったのは、マッカーサーがひそかにこの案を共和党議員らに売り込んでいた点です。トルーマンはその政治的な行動に憤怒《ふんぬ》し、マッカーサーを更迭《こうてつ》します。この決定は、「どれほど偉大な軍人であっても、シビリアンコントロール（文民統制）のもとに置かれなければならない」とのアメリカの伝統に即した重大な決断でした。

ところが、トルーマンの勇断は当時の世論には理解されず、英雄に対する冒瀆《ぼうとく》と見なされて、支持率は急落します。こうして政治的求心力を失ったトルーマンは、次の大統領選挙への出馬をあきらめ、政界を引退することになりました。

トルーマンの生涯に触れるとき、歴史学的な論点は多岐にわたります。しかし、日本の読者の皆さんにとっては、やはり原爆投下の決断が最も重要になるのではないでしょうか。トルーマンの日記や戦後に公刊された回想録に目を通すと、原爆投下の決断が彼の心に重くのしかかった事実がうかがえます。

それでも投下に踏み切ったのは、ソ連が全面的な対日参戦に踏み切る前に戦争を終結したかったからです。くわえて、仮に日本本土への上陸作戦が決行されたなら、おびただしい数の日米双方の人命が失われることなどを憂慮《ゆうりょ》し、悩み抜いた末の決断だったことがよくわかります。

実際、一般市民への原爆被害が想像以上に甚大《じんだい》である事実を知ると、直ちに三発目以降の使用をやめさせています。核兵器は、人類が二度と使ってはならない兵器だと気がついたのです。

もちろん、その気づきをもって原爆投下が正当化されるわけではありません。しかし、ソ連の侵攻に伴う日本の分断国家化を阻止できたこと、また、大戦の早期終結によって、日米両国に抜き難《がた》い怨恨《えんこん》が残らず、戦後の日米関係の再出発につながったことは見過ごせない歴史的事実だと考えます。

私たちはあらためて多くの犠牲者のうえにもたらされた尊き平和に、敬意を払わねばなりません。同時に、二度と過去の悲劇を繰り返さないためにも、日米両国が緊密に連帯し、世界の平和維持に力を発揮してくれることを祈るばかりです。

コラム

戦後の日本社会に民主主義を確立した
ダグラス・マッカーサー

順風満帆の前半生

一九四五年八月三十日、終戦間もない厚木《あつぎ》海軍飛行場（神奈川県）に、一人の米軍将校が降り立ちました。愛用のコーンパイプをくわえ、フィリピン軍帽を誇らしげにかぶって悠然と歩む人物こそ、ダグラス・マッカーサー元帥《げんすい》です。

マッカーサーは、アメリカ南部のアーカンソー州で生まれました。先祖はスコットランドの貴族で、のちに没落し、十九世紀にアメリカへと移住しています。

父アーサー・マッカーサー・ジュニアは、南北戦争ほか数々の戦争で活躍し、陸軍中将にまで昇進します。特に米比戦争（一八九九年）では、初代フィリピン大統領を補虜とする軍功を立て、実質的なフィリピン植民地総督を務めました。日本との関係では、日露戦争（一九〇四年）時に観戦武官として駐日アメリカ大使館に赴任しています。

　こうしたキャリアの重ね方は、当時としては稀《け》有《う》なものでした。そして、そんな父のキャリアが、マッカーサーの対日観にも少なからず影響を与えたと見ることもできます。

ダグラス・マッカーサー（1880〜1964）

　そのマッカーサーも、過保護で過干渉な母の英才教育のもと、父と同じ職業軍人の道を歩むことを決意し、アメリカ最古にして世界最大級の敷地（六十五平方キロ以上）を持つ陸軍士官学校（通称ウェストポイント）へ上位成績で入学します。在学中は勉学やスポーツに励むとともに、ときに死者が出て軍法会議が開かれるほど過酷な上級生の「しごき」にも耐え、見事首席で卒業しました。

当時、成績優秀者が配属された第三工兵大隊に着任したマッカーサーは、ほどなく米支配下にあったフィリピンへ赴任。その後、日露戦争が起こると、父の副官として日本へ転任し、東京の駐日アメリカ大使館に勤務します。在任中は、東郷平八郎《とうごうへいはちろう》、大山巖《おおやまいわお》、乃木希典《のぎまれすけ》ら日露戦争で活躍した人物と面会し、「生涯忘れ得ぬ感銘を受けた」とのちに回想しています。

一九一四年、第一次世界大戦が勃発《ぼっぱつ》。のちにアメリカが正式参戦を決めると、マッカーサーは従来の一州単位で師団を編成する慣行を改め、全米二十六州の精鋭からなる「第四十二師団」の編成を陸軍長官に献策します。そして、同師団参謀長として欧州西部戦線へ赴《おもむ》き、周囲の制止を振り切って前線に身を投じ、二度負傷します。しかし、その勇敢さと機略をたたえられ、十五個の勲章を受章しました。

大戦終結後には、母校ウェストポイントの校長という栄誉あるポストに就任。上級生によるしごきなどの悪弊《あくへい》を一掃するとともに、スポーツ教育の奨励やリーダー教育の振興など、教育改革に辣腕《らつわん》を振るっています。ただしマッカーサーの改革は、保守的な理事会には理解されず、残念ながら彼の離任後に廃止されてしまいました。

その後、一九二二年には、なじみ深いフィリピンのマニラ軍管区司令官となります。在任中に日本で発生した関東大震災では、即座に対日救援物資輸送を指揮しました。こうしたマッカーサーの迅速かつ的確な対応が軍上層部の目にとまり、米陸軍史上最年少（四十四歳）で少将への昇進を果たすこととなります。

日本占領政策の最高責任者として

こうして軍人として順調に階段を上ってきたマッカーサーですが、やがて挫折《ざせつ》を経験します。ハーバート・フーバー（第三十一代大統領）政権下で参謀総長に任命されたものの、退役軍人らによる恩給支払いを求めるデモ（ボーナス・アーミー）に対し、独断で武力鎮圧を行うなど重大な過《あやま》ちを犯したのです。

退役を余儀なくされたマッカーサーは、再びフィリピンに渡り、今度はフィリピン軍の軍事顧問として働くことになります。まさに、彼にとっては試練の時代だったのです。

転機が訪れたのは、第二次世界大戦下の一九四一年七月。フランクリン・D・ルーズベルト（第三十二代大統領）の要請で現役に復帰したマッカーサーは、在比米軍およびフィリピン国軍を統合したアメリカ極東陸軍司令官に就任。きたる日本との決戦に備えることになったのです。

ただし、太平洋戦争の緒戦では、破竹《はちく》の勢いで進軍する日本軍に惨敗《ざんぱい》し、フィリピンから屈《くっ》辱《じょく》的な撤退を強《し》いられています。このとき彼が発した「I shall return.（私は必ず戻る）」という言葉は、あまりにも有名です。

その後、反撃の機会をうかがっていたマッカーサーは、太平洋から進撃したチェスター・ニミッツ提督（米太平洋艦隊司令長官）と連携し、アメリカを対日戦争勝利へと導きます。そして、連合国軍最高司令官の任を受け、厚木の地に降り立ったのです。

日本占領政策の最高責任者となったマッカーサーは、矢継ぎ早の改革指令を発していきます。終戦の約二カ月後には、当時の幣原喜重郎《しではらきじゅうろう》首相に対して五つの改革――①婦人解放（参政権など女性の権利向上）②労働組合の助長③教育の自由化（民主主義教育の実施）④秘密的弾圧機構（特別高等警察など）の廃止⑤経済機構の民主化（財閥解体・農地解放・戦争協力者の公職追放など）――を口頭で指示しました。

また、自ら草案を示すなど憲法の改正を促《うなが》し、一九四六年十一月に日本国憲法が公布されます。象徴天皇制、国民主権、戦争放棄、男女同権（平等）など、民主主義の重要理念が盛り込まれました。こうして新たな理念と制度のもとで、日本は再出発を果たしたのです。

日本の占領政策が順調かつ急進的に展開されるにつれ、米国内のマッカーサー人気はさらに高まりました。するとマッカーサー自身が政治的野心を抱《いだ》くようになり、「候補として指名されれば大統領選挙に出馬する」との声明を出します。しかし共和党の予備選挙では、わずかな得票しかできず、惨敗を喫しました。

一九五〇年六月に朝鮮戦争が勃発すると、マッカーサーは国連軍司令官に任命されます。中国義勇軍の参戦により劣勢に立たされる中、彼は対中全面戦争と同東北部への原爆攻撃を主張。さらにその実現のため、共和党重鎮議員に根回ししますが、一連の言動が越権行為と見なされ、ハリー・S・トルーマン（第三十三代大統領）の怒りを買います。その結果、司令官を解任されて帰国の途に就きました。

なお、離日の際には、吉田茂《しげる》首相が礼状をマッカーサーに届けたほか、国会で感謝の決議がなされ、新聞各紙もその功績を一斉にたたえています。東京国際空港（羽田空港）へ向かう沿道では、約二十万人もの日本人が見送ったとされています。

日米関係について考える機会に

戦後の日本社会から軍国主義や封建主義を一掃し、現代的な民主主義の理念と制度を確立したマッカーサー。それゆえ、その生涯に触れることは、日本の民主主義のルーツを探ることであり、現在の日米関係の出発点を振り返ることでもあります。

戦後から現代に至るまで、日本人は少なからず、日米関係を従属的なものと受け止めています。しかし、私はそうした意見にはくみしません。

先述したように、マッカーサーには第二次世界大戦以前から、日本およびアジアに対する関心と理解がありました。当然、日本人に対する人種的偏見も有していません。それどころか、東條英機《とうじょうひでき》元首相が自殺未遂を起こした際には、彼が戦犯として抑留されていたにもかかわらず見舞いに訪れ、「アメリカにも武士道はあった」と感激させています。

さらにマッカーサーは、地政学や東西冷戦構造上の観点から、アメリカの将来はアジアとの関係にあり、その中心は日本になると確信していました。だからこそ、武装解除（軍隊解散）にせよ、憲法制定にせよ、法的手続きが日本人の手でなされるように腐心したのです。対日占領政策、特に後期の占領政策には、戦争の勝者が敗者に強いるような一方的な押し付けはほとんど見られません。むしろアメリカの主眼は、将来の強力な「同盟国」育成に置かれていたのです。そのうえで重要だと感じるのは、日本人にも「覚悟」があった点です。敗戦を奇貨《きか》として変革に取り組み、アメリカと手を携《たずさ》え、時には対立しつつも、したたかに戦後復興に注力したのです。

読者のみなさんには、先人の血のにじむような努力の末に生まれた戦後の日米関係と両国同盟の重要性について、あらためて考えてほしいと思います。

34 現代アメリカを完成させた ドワイト・D・アイゼンハワー

不遇だった前半生

第三十四代大統領ドワイト・D・アイゼンハワー（愛称アイク）は、卓越した指導力とバランス感覚を併《あわ》せ持つ指導者です。

中西部カンザス州のアビリーンで育ったアイクは、地元の高校を卒業後、経済的事情から学費無償の「アナポリス」（海軍兵学校）と「ウェストポイント」（陸軍士官学校）を受験します。カンザス州上院議員の推薦で両校とも合格したものの、年齢制限によってアナポリスを断念し、ウェストポイントへの入学を選びました。

こうして、長きにわたる彼の軍歴が始まるわけですが、その道程《どうてい》は半ばまで精彩を欠くことになります。ウェストポイントでは、先輩のダグラス・マッカーサー（のちの連合国軍最高司令官）が首席で卒業したのに対し、アイクは百六十四人中、六十一番と平凡な成績でした。

卒業後は戦車隊に配属されますが、第一次世界大戦の戦地へは赴《おもむ》かず、もっぱら本土での部隊訓練を指揮します。当然出世も遅れ、一九二〇年に少佐に昇格するものの、以降十六年間、その階級にとどまり続けたのです。

そんな彼にも、ついに海外赴任の機会が訪れます。マッカーサーの側近として登用され、フィリピンへ赴くことになったのです。ところが、不遇はそこでも変わりません。軍事パレードでの不手際を皮切りに、事あるごとにマッカーサーに非難され続けたのです。アイクは何度も転任希望を出しますが、それもマッカーサーにことごとく握りつぶされました。

何事も派手好きなマッカーサーと、万事控えめなアイクとの関係は、まさに水と油だったのです。しかし、アイクはこの苦難に耐え、四十五歳にしてようやく中佐に昇格しました。

「大戦の英雄」から大統領へ

「人間万事塞翁《ばんじさいおう》が馬《うま》」（人生の幸、不幸は予測しがたいとの意）とはよくいったものです。一九四一年十二月に日本軍の真珠湾への奇襲攻撃によって日米戦争の火ぶたが切られると、アイクはフィリピンについての知識を買われ、陸軍参謀本部戦争計画局次長に抜擢《ばってき》されます。

これが転機となり、彼は参謀総長のジョージ・C・マーシャル大将に才能を見込まれ、同本部の初代作戦部長に任命されます。アイクに託されたのは、連合軍の劣勢を挽回《ばんかい》し、大戦の動向を決する作戦計画の立案でした。

そこで彼は、ナチス・ドイツの野望を打ち砕くべく、イギリスを拠点とする欧州大陸への反転攻勢を計画します。これがのちに史上最大の上陸作戦と称される「ノルマンディー上陸作戦」へとつながっていきます。

ドワイト・D・アイゼンハワー（1890～1969）

作戦の司令官を任され、イギリスに赴任したアイクはついに中将に昇格。そして、作戦実行の三カ月前にはついに大将へ上り詰めます。大戦中という事実を勘案しても、中佐からわずか四年で大将への昇格は、まれに見るスピード出世です。

やがて連合国遠征軍最高司令官に就任したアイクは、持ち前のカリスマ性にくわえて、それまで培《つちか》ってきた企画力、調整力、そして忍耐力をもって戦局を優位に導きます。映画『パットン大戦車軍団』で著名なジョージ・パットンら暴走気味の猛将を抑えつつ、慎重かつ緻密《ちみつ》な用兵で、前線部隊の損耗《そんもう》を最小限に抑えたのです。こうした姿勢は、一般兵士からも絶大な支持を得ました。

さらに、思想信条を超えてウィンストン・チャーチル（イギリス）やシャルル・ド・ゴール（フランス）、ヨシフ・スターリン（ソ連）ら政治指導者と渡り合い、彼らの信頼をも獲得しています。こうして欧州戦線を勝利に導いたアイクは、英雄として母国に凱旋《がいせん》したのです。

生来《せいらい》政治に無関心だったアイクが、大統領選挙に出馬したのは一九五二年のことでした。当初、民主・共和両党からの執拗《しつよう》な出馬要請を断っていたものの、最終的にはソ連の脅威《きょうい》をより的確に認識していた共和党を選択したのです。この決断についてアイクは、「過去二十年も民主党が大統領を輩出し、そろそろアメリカには変化が必要だったから」とのちに回想しています。

迎えた大統領選挙は、それまでの軍功はもちろん、「ビッグスマイル」といわれた無邪気な笑顔の写真と「I Like Ike（私はアイクが好き）」のフレーズが国民的人気を博し、アイクが圧勝しました。

軍人ゆえに平和の尊さを知る

大統領に就任したアイクは、第二次大戦でも発揮された人材登用の才と大局を見据《す》える見識で、反共産主義・穏健《おんけん》保守の政策を果敢に遂行。新たな国際秩序の創出とアメリカの繁栄を主導します。

外交では、のちに日米安全保障条約締結を主導するジョン・フォスター・ダレスを国務長官に登用。「大量報復戦略」（大都市攻撃能力保持による抑止）を採用して、対ソ核戦争も辞さない強硬姿勢を国際社会に示します。他方で、一九五三年には朝鮮戦争の休戦協定を成立させ、これ以上アメリカが損耗しないよう抑制的に動きました。

続く一九五六年の「ハンガリー動乱」（ソ連の支配に対する民衆蜂起《ほうき》）では、自身の再選時期であったにもかかわらず、軍隊派遣を見送ります。その理由は、同国がソ連勢力圏の中央に位置し、米軍派遣は非現実的だと判断したからです。

さらにアイクは、同時期の「スエズ動乱」（第二次中東戦争）でも指導力を発揮します。動乱の発端は、エジプトのガマール・アブドゥル＝ナーセル大統領が突如《とつじょ》スエズ運河の国有化を宣言したことでした。運河の利権を持つ英仏は、この事態を深刻に受け止め、中東のイスラエルと密約を結んでエジプトに侵攻します。

ところがアイクは、かつての同盟国である英仏に同調せず、同時にソ連の政治介入をもはねのけ、国連総会での停戦決議採択を主導します。親イスラエルであるユダヤ人の政治的影響力が強いアメリカでは、珍しい事例です。

これにより、アンソニー・イーデン英首相は辞任に追い込まれ、フランスも完全に面目《めんぼく》を失いました。一方のアメリカは、中東にプレゼンス（存在感）を示し、その関与を深めていくことになります。こうした外交は、戦争の悲惨《ひさん》さと平和の尊さを知るアイクが、徹底したリアリズム（現実主義）を貫いた結果といえるでしょう。

一方内政では、共和党の大統領でありながら、フランクリン・D・ルーズベルト（第三十二代大統領）のニューディール政策を継承します。これをもって一部歴史家の間では、「独自性に乏《とぼ》しく経済無策であった」との指摘がありますが、その評価は的確ではありません。

なぜなら、アイクはニューディール政策を継承しつつ、同時に財政均衡《きんこう》も保っているからです。それでいて、限られた予算の中で高速道路網を整備するなど、経済・産業を勃興《ぼっこう》させました。また、一九五七年にソ連が人類初の人工衛星「スプートニク1号」を打ち上げた際には、アメリカ市民を鼓舞すべく、翌年に「アメリカ航空宇宙局」（ＮＡＳＡ）を発足させ、宇宙時代の幕開けを先導しています。

こうした積極策が功を奏し、アメリカのＧＤＰ（国内総生産）は、一九五〇年の二千九百四十億ドルから、六〇年には五千二百六十億ドルとほぼ倍増し、超大国の地位を確固たるものにします。

市民の可処分所得も大幅に増え、持ち家率は約六〇％にも達しました。郊外の大きな家に住み、一家に一台のテレビと二台のマイカーを所有するアメリカ人は、もはや珍しくなかったのです。

そのテレビでは、「ロックの王様」エルビス・プレスリーの熱唱や、『パパは何でも知っている』などの人気ホームドラマが大量に放映されました。また、ディズニーランドが誕生し（一九五五年）、町なかにはマクドナルドが見られるようになりました。今では一般的となったクレジットカードも、この時代から急速に普及していきます。

これは、多くの人がイメージするアメリカの姿ではないでしょうか。その意味で、アイクは「現代アメリカを完成させた人物」といっても過言ではないのです。

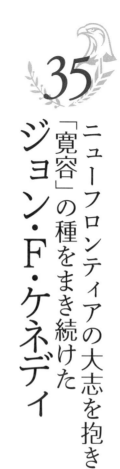

35

ニューフロンティアの大志を抱き「寛容」の種をまき続けた ジョン・F・ケネディ

米国のロイヤルファミリー

第三十五代大統領ジョン・フィッツジェラルド・ケネディ（JFK）は、カトリック教徒初の大統領で、公選を経《へ》た大統領としては史上最年少（四十三歳八カ月）です。恐らく多くの方は、凶弾《きょうだん》に倒れ、志を全《まっと》うすることなく世を去った〝悲運の為政者《いせいしゃ》〟というイメージをお持ちなのではないでしょうか。

ケネディ家はアメリカ屈指の名門で、多数の実業家や政治家を輩出しています。祖先は、英国アイルランド（当時）に暮らしていましたが、十九世紀のジャガイモ飢《き》饉《きん》とカトリック教徒への宗教的圧迫を逃れるため、マサチューセッツ州ボストンへ移住しました。彼らは貧窮《ひんきゅう》の中で懸命に働き、進んで隣人を助け、次第にボストン社会を代表する存在になっていきます。

ＪＦＫの父ジョセフ・Ｐ・ケネディは、そうした先代の遺産を足がかりに証券・不動産分野に進出し、大成功を収めます。次第に政治的野心を抱《いだ》くようになったジョセフは、大統領選挙（一九三二年）で、フランクリン・Ｄ・ルーズベルト（第三十二代大統領）の勝利に貢献。その論功行賞として、初代の証券取引委員会委員長を経《へ》て、駐英アメリカ大使に任命されます。

ところが、大使時代のジョセフは、自身の反英的な感情を抑えきれず、失態を重ねました。第二次世界大戦の足音が迫る中、自らの立場をわきまえずにナチス・ドイツ支持の発言をした

ジョン・F・ケネディ（1917～63）

り、アメリカの対英武器供与に強硬に反対したりしたのです。

また、大戦が勃発《ぼっぱつ》し、首都ロンドンが連日空襲にさらされると、イギリス王室や各国外交官らが現地に踏みとどまるのを横目に、われ先に郊外へと疎開《そかい》しました。その挙げ句、ボストン・グローブ紙の取材に「イギリスの民主主義は終わった」と言い放ち、物議を醸《かも》します。これにはルーズベルト大統領もさすがに閉口し、ジョセフの更迭《こうてつ》に踏み切りました。

人々に希望を与えた指名受託演説

政界への道を絶《た》たれたジョセフでしたが、今度はその野心を子どもたちに託します。「自らの手で、わが子をアメリカ大統領にする」という大望を抱いたのです。

ジョセフが最も期待を寄せたのは、幼いころから快活な気性で、文武にも秀《ひい》でていた長男のジョーでした。彼は名門ハーバード大学を優秀な成績で卒業し、海軍に志願。やがて、花形パイロットとして活躍しました。ところが彼は、大戦中の航空機事故で殉職《じゅんしょく》してしまいます。その結果、ジョセフはやむなく次男のＪＦＫに夢を託すことになったのです。

病弱で目立たない子どもだったＪＦＫは、兄と違って学業も振るわず、周囲からは問題児扱いされていました。家庭内でも、厳格すぎる父への畏怖《いふ》の念と優秀な兄への劣等感から、つらい少年時代を送っていたのです。それでもJFKの人間性が光るのは、こうした環境から逃避せず、常に自己研鑽《けんさん》に励んだことです。

父の強力な後押しで兄と同じハーバード大学に進み、卒業後も同じ海軍を志願。大戦中は、魚雷艇《てい》PT－109の艇長を務めました。PT－109は、ソロモン海域で日本海軍の駆逐艦「天霧《あまぎり》」に衝突され沈没したものの、JFKは負傷した部下たちを命綱で結び、無人島（のちにケネディ島と命名）まで泳ぎきったのです。

この勇気ある行動は、父の広報活動もあり、全米に周知されました。こうして名声を得たJFKは、連邦下院議員、上院議員と政治家の道を順当に歩みます。そして早くも一九六〇年には、アメリカ政治の頂点たる大統領選挙へと駒《こま》を進めるのです。

同年夏の民主党大統領候補指名受諾演説でJFKは、八万人の聴衆にこう訴えます。「アメリカのフロンティア（未開拓地）は、西部開拓の完遂（一八九〇年）によって達成された。しかし現代アメリカには、依然戦争や暴力、貧困や差別、教育格差、都市問題など、いくつものニューフロンティア（新たな未開拓地）が生まれている。今こそアメリカ市民が一丸となって解決に取り組もう」と。この「ニューフロンティア」の概念は、宇宙開発などでソ連に先んじられ、意気消沈していた人々に希望を与えます。

当初、大統領選は共和党のリチャード・ニクソン（アイゼンハワー前政権下の副大統領）が優勢と見なされていました。ところが、初導入されたテレビ討論会が流れを変えます。弁舌さわやかで、さっそうたる風姿《ふうし》のＪＦＫが、アメリカ市民の心をつかみ、僅差《きんさ》で逆転勝利を収めました。

約千日の在任期間の評価

こうして父ジョセフの宿願を見事に果たしたＪＦＫでしたが、就任当初から深刻な危機に見舞われます。それが一九六一年の「ピッグス湾事件」です。ＣＩＡ（アメリカ中央情報局）の援助を受けた亡命キューバ人たちが、親ソ共産党政権であるフィデル・カストロ政権の打倒を目指して、ピッグス湾に侵攻したのです。

この計画は、前政権下でＣＩＡが立案し、ＪＦＫが承認・実行したものでした。ところが作戦は大失敗に終わり、ＪＦＫの責任を問う声が沸き起こります。彼は速やかに会見を開き、潔《いさぎよ》く非を認めて謝罪したため、幸い政治的な致命傷にはなりませんでした。

なおも外交面での苦境は続きます。事件の二カ月後に開かれた米ソ首脳会談では、緊張状態の解消を望むＪＦＫに対し、若い大統領を軽んじるニキータ・フルシチョフ第一書記（兼首相）が強硬な態度に終始。会談は決裂し、ソ連はベルリンを東西に分ける境界線に壁を築き、中断していた核実験さえも再開させました。

米ソの緊張が高まる中、さらなる重大事「キューバ危機」（一九六二年十月十六日～二十八日）がJFKを襲います。〝アメリカの裏庭〟ともいわれる隣国キューバに、ソ連の核ミサイルが秘密裏《ひみつり》に持ち込まれたのです。国家存亡の危機に際し、JFKは毅然《きぜん》とした態度でミサイル基地の撤去をソ連に求めました。

これはのちに判明することですが、キューバ危機の十三日間は、米ソ衝突による第三次世界大戦が勃発する寸前であったとされます。幸い、JFKの断固たる姿勢にフルシチョフが妥《だ》協《きょう》し、ミサイル撤去に応じたため、破滅的な結末は避けることができました。

一方、内政面ではニューフロンティアの大志のもと、連邦議会へ六十六もの特別教書を送り、緊急立法を勧告します。これを受け、「平和部隊法」（開発途上国に青年を派遣して発展を支える）や「一九六二年通商拡大法」（自由貿易の一層の推進）が成立したほか、有名な「アポロ計画」も始動しています。さらに六三年六月には、黒人の政治的権利を大幅に拡大する「公民権法案」が議会に提出され、世界から注目されました。

こうしたJFKの政策からは、父の求めた一族の富貴栄達といった「俗世的な価値」ではなく、全アメリカ人のための大統領たらんとする「普遍的な価値」を追求する姿が垣間《かいま》見えます。

しかし、いつの時代も、社会変革には反動がつきものです。いつしかJFKによる改革は、一部保守層から警戒されるようになっていました。

そして、公民権法案提出のわずか五カ月後、彼は遊説《ゆうぜい》先のテキサス州ダラスで狙撃され、帰らぬ人となったのです。その在任期間は、わずか千日あまりでした。

この事実をもって、「JFKの改革は道半ばで頓挫《とんざ》した。彼は未完の大統領であろう」と見なす歴史家がいます。しかし私は、この評価は重要な部分を見過ごしていると考えます。なぜなら、JFK亡き後もその志は生き続け、彼のまいた改革の種は、やがて必ず花開くからです。

画期的な公民権法案が次期政権で成立したのは、その象徴の一つといえるでしょう。彼の改革の精神は確実に浸透し、アメリカはより寛容で多様性ある社会へと転じていきます。その意味でJFKは、アメリカ社会をよりよい方向へと前進させたまさしく類《たぐ》いまれな指導者だったのです。

36 「偉大な社会」の建設に挑戦した リンドン・B・ジョンソン

貧困生徒への教育が政治の原点

第三十六代大統領リンドン・ベインズ・ジョンソン（通称LBJ）は、世界の誰もが予期せぬ形で、ジョン・F・ケネディ（第三十五代大統領）の大志を継承することになった政治家です。華麗なる経歴のケネディとは全く異なる人生を歩み、その政治的思惑によって登用されながら冷遇され、それでいて彼の政治思想の後継者となりました。

すなわち、ケネディの理想を実現すべく、「偉大な社会（Great Society）」の建設に挑むことになったのです。それは政治による貧困撲滅や人種差別解消を通じ、より公正かつ寛容なアメリカ社会の実現を意味しました。

ジョンソンは、テキサス州中央部の寒村、ストーンウォールに生まれます。父母は牧場を営んでいたものの、荒野での収入は乏《とぼ》しく、一家は絶《た》えず貧窮《ひんきゅう》の底にありました。

こうした家庭に育ったゆえに、ジョンソンは苦学を重ねます。地元高校を卒業後、州立の教員養成大学に進学したものの、学費が払えず一年休学。メキシコ国境に近いコトゥーラの高校で、教壇に立つことになります。

そこはメキシコ移民の生徒が大半を占める学校で、家庭のほとんどが貧しい生活を送っていました。それは、「子どもらが登校の際に見せる失望と不信に満ちた悲しげな表情を、わが記憶から消し去ることができない」(ジョンソンの回顧録)ほど、悲惨《ひさん》な状況だったといいます。

この原体験を踏まえて、彼は困難な環境を改善しようと奮起。子どもたちが将来に希望を持てるよう、教育に心血を注ぎます。のちに見られる社会的マイノリティー保護への情熱は、この時代に培《つちか》われたといえるでしょう。また、このときの経験が、「より公正なアメリカ社会を築こう」という政治姿勢の原点になったと考えられます。

「立法の魔術師」

やがて復学し、大学を卒業したジョンソンは、有力な連邦下院議員であるリチャード・ケルバーグの秘書となります。彼はそこで政治の心得を学び、人脈を築きました。そして一九三五年に、テキサス州のNYA（国民青年局）長官に抜擢《ばってき》されます。

同局は、ニューディール政策（第三十二代大統領フランクリン・D・ルーズベルトの経済政策）の一環として設立され、主に若年貧困層への職業訓練の提供を目的としていました。こうした貧困層には、黒人の若者も多く含まれていたものの、ジョンソンは彼らと分け隔《へだ》てなく接し、信頼を得ていきます。それは黒人差別の根強い南部にあって、異例の行動といえました。

リンドン・B・ジョンソン（1908〜73）

こうして黒人社会に一定の支持基盤を築いたジョンソンは、一九三七年の連邦下院議員選挙に民主党から出馬し、見事当選を果たします。次いで、第二次世界大戦後の四八年には、上院議員選挙に出馬して勝利。さらに五三年には、史上最年少で民主党の上院院内総務に就任します。

ジョンソンがこのように栄進を重ねることができたのは、彼が他者を惹《ひ》きつける理想と個性を兼ね備えていたからです。南部を伝統的な支持基盤とする民主党議員でありながら、黒人の公民権（人権・参政権）拡大にも注力したのです。そして、立法に際しては、味方には肩を寄せて親しげに語らい、敵対者には自身の鼻と相手の鼻をくっつけんばかりに近づき、舌鋒《ぜっぽう》鋭くまくし立てて説得しました。

これを身長百九十二センチの大男が行うわけですから、誰もが圧倒されたといわれます。こうして重要法案を次々と成立へと導くジョンソンを、周囲は「立法の魔術師」と評しました。

そんなジョンソンに、千載一遇《せんざいいちぐう》の好機が到来します。南部選出のホープとして、一九六〇年の大統領選挙に推《お》されたのです。ところが不運にも、この年の民主党予備選挙には、北東部選出の若き新星たるケネディも名乗りを上げていました。その結果、ジョンソンはケネディに大統領の座を奪われることになります。

その後ジョンソンは、南部票を取り込みたいケネディにより、副大統領候補に指名されます。こうしてケネディの大統領選挙勝利によって副大統領に就任したジョンソンですが、同職は基本的に閑職です。くわえて、ケネディ兄弟らがジョンソンの気質を嫌悪・警戒していたこともあり、政権内で悲哀を味わうことになります。

現代に生きるジョンソンの遺産

一九六三年十一月二十二日、不遇を耐え忍んできたジョンソンに転機が訪れます。ケネディ大統領が、テキサス州ダラスを遊説《ゆうぜい》中に狙撃され、帰らぬ人となったのです。暗殺の背景の一つには、公民権法案実現にひた走るケネディに対し、南部の反発が一気に強まっていたことも挙げられます。

混乱の最中、後続車に乗っていたジョンソンは自責の念に駆られたといいます。ダラスは地元であり、遊説もケネディと民主党の南部勢力の和解を目的に、彼が実現に尽力したものだったからです。

この後、ジョンソンはそれまでの恩讐《おんしゅう》を忘れ、積極果敢に行動します。ケネディの絶命が確認されると、慌《あわ》ただしくエアフォースワン（大統領専用機）の中で大統領就任宣誓を済ませ、直《ただ》ちにホワイトハウスへ帰還。閣議を開き、ケネディの遺志を継ぐ決心をします。

その中で、冒頭に触れた「偉大な社会」建設の理念を示したのです。具体的には、「経済機会法」に署名し、国民に対して「貧困との戦い（War on Poverty）」を宣言。「政治には、社会的に弱い立場にある人々の暮らしを守る責務がある」との姿勢を鮮明にしました。

そうしてジョンソンは、画期的かつ現代にも継承される教育・福祉制度を打ち出していきます。たとえば医療分野では、メディケア（高齢者・障害者向けの医療保険制度）やメディケイド（低所得者向けの医療扶助制度）を創設。教育分野では、ヘッドスタート（低所得家庭の幼児への就学支援制度）を導入します。

また、人権擁護《ようご》の姿勢も明確にし、黒人の権利擁護への取り組みでは、「公民権法」（一九六四年七月）を実現させます。これにより、ホテルやレストランなど公共施設での人種差別が禁止されました。

短期間で成果を上げたジョンソンは、その勢いに乗って一九六四年十一月の大統領選挙に出馬し、大勝します。その後、六五年には公民権向上に資する「投票権法」を成立させ、識字試験実施などアフリカ系アメリカ人への投票妨害に悪用されてきた慣習を一掃しました。

かくして大統領選後も国政に真摯《しんし》に取り組んだジョンソンですが、予期せぬ落とし穴が待ち構えていました。ケネディ前政権下で始まったベトナム戦争が、長期化の兆《きざ》しを見せていたのです。

しかしジョンソンは、アメリカの軍事力をもってすれば、北ベトナム政府を容易にねじ伏せられると考えていました。そこで、一九六五年二月にベトナム北部への爆撃（北爆）を開始し、六八年までに五十四万人もの米兵が投入されます。それでも、誇り高きベトナム人たちはアメリカに屈せず、戦争は泥沼状態へと陥《おちい》っていきました。

あまたの若者が戦場へと送られ、尊き命を落としたこともあり、次第に若者世代の間で「正義なき戦い」を糾弾《きゅうだん》する反戦運動が高まっていきます。また黒人社会も、同じ有色人種たるベトナム人に対して同情心を抱《いだ》いていました。

戦争の勝利に固執するジョンソンは、次第に追い詰められていきます。そして一九六八年三月三十一日、テレビ演説に立ったジョンソンは、北爆の部分的な中止と自身の再選出馬断念を国民に表明し、失意のうちに政界を去ることになります。

とはいえ、ベトナム戦争の帰趨《きすう》のみをもって、ジョンソンの功績を消し去るのは適切ではありません。彼が手掛けた社会改革は、間違いなくその後の国家の発展に寄与し、今も市民を益し続けているからです。分断と対立が顕著となった現代だからこそ、かつてアメリカ社会の融和を目指したジョンソンの軌跡が一層光ると思います。

37 国民の政治不信を深めた リチャード・ニクソン

貧しかった幼少期

第三十七代大統領リチャード・ニクソンは、唯一、大統領在任中に辞職に追い込まれた人物です。「ウォーターゲート事件」（大統領選挙の最中に起きた民主党本部への侵入・盗聴事件）で政治に対する国民の信頼を著《いちじる》しく毀損《きそん》し、腐敗政治の代名詞として語られる大統領でもあります。実際、ドナルド・トランプ第四十五代大統領の誕生まで、戦後アメリカにおいて最もモラルが欠如《けつじょ》した政治リーダーとして捉《とら》えられていました。

ニクソンは南カリフォルニアで、五人兄弟の次男として生を受けます。余談ですが、彼のこぢんまりとした生家は私の郷里から近く、隣接する大統領図書館と合わせてよく足を運びました。

ニクソンの父母は反戦主義で知られるクエーカー教徒（キリスト教プロテスタントの一派）で、信仰心厚き母は、教義に基づく厳格なしつけをしました。一方、商才がない父は開廃業を繰り返し、兄弟が小児結核を患《わずら》っていたこともあって、一家の生活は困窮します。ニクソン自身も早朝からアルバイトに励み、家計を支えました。

しかし、兄弟らは早世《そうせい》し、ニクソンは「神の存在を疑うほど精神的に打ちのめされた」と回想しています。こうした困難を伴う少年期の境遇が、猜疑心《さいぎしん》強き政治家ニクソンの人間性を形成したのでしょう。

リチャード・ニクソン（1913〜94）

ともあれ、勉強熱心だったニクソンは地元の私立大学を優秀な成績で卒業し、奨学金を得てノースカロライナ州にあるデューク大学のロースクールへ進学します。こちらも優秀な成績で修了し、弁護士の道を歩もうとしたときに、太平洋戦争が勃発《ぼっぱつ》したのです。クエーカー教徒は兵役を免除されていたものの、彼は率先して海軍へ志願し、南太平洋の島嶼《とうしょ》で航空管制官として従事しました。

反共主義者として名声を得る

太平洋戦争が終結すると、ニクソンはペプシコ社の顧問弁護士へ転じ、同社の海外進出を法的側面から支えます。これにより、〝アメリカ産業の保護に熱心〟というイメージの醸成《じょうせい》に成功するとともに、数多くの海外出張を通じて、グローバルな世界観が培《つちか》われました。こうした経験をもとに、ニクソンは地元名士らの推薦によって一九四六年の下院議員選挙へ出馬・当選し、政界入りを果たします。

下院議員となったニクソンは、「非米活動委員会」のメンバーに選ばれ、赤狩り（共産主義者の公職追放）に没頭します。特に「アルジャー・ヒス事件」では、フランクリン・D・ルーズベルト（第三十二代大統領）の側近だった元政府高官のヒスを偽証罪の有罪へ追い詰めました。これによってニクソンは、反共の闘士として名声を得て、知名度を一気に高めます。

なおこの際、ニクソンは過激な赤狩りで悪名高いジョセフ・マッカーシーとは連携しておらず、のちに上院がマッカーシーに対する非難決議を採択した際には、副大統領として議長を務めています。他方、戦後のアメリカ政治で最も腐敗した政治家といえば、マッカーシー、ニクソン、そしてトランプが即座に名が挙がるのもまた事実です。

その後ニクソンは、一九五〇年に上院議員選挙へくら替えします。当時、朝鮮戦争の勃発もあり、米社会を席捲《せっけん》する反共気運を追い風に、難なく当選を果たしました。続く五二年の大統領選挙では、堅固な反共姿勢や大票田の州代表という立場、そして、若さ（三十九歳）を評価されてドワイト・D・アイゼンハワー（第三十四代大統領）の副大統領候補に指名されます。

ところが、意外なところに落とし穴が待っていました。大衆紙に政治資金流用疑惑を報じられて窮地に立たされたのです。ここでニクソンは大きな賭《か》けに出ます。全米中継のテレビ放送に出演し、自身と妻の個人財産の少なさを開示したうえで、「支援者からの贈答品で一つだけ絶対に返却するつもりのないものがある。それは家族の一員となり、娘の親友でもある愛犬のチェッカーズだ」と言い放ち、有権者が同情を寄せる名演説を行ったのです。世にいう「チェッカーズ・スピーチ」は、ニクソンを政治的ピンチから見事に救いました。

副大統領となったニクソンは、外遊を積極的にこなし、中でも旧ソ連のニキータ・フルシチョフ第一書記との「台所論争」（一九五九年）で脚光を浴びます。これはモスクワで開かれた

「アメリカ産業博覧会」のモデルハウスの台所でなされた即興討論で、ソ連の優位性を自慢げに語るフルシチョフに対し、自由主義経済の重要性とアメリカ国民の暮らしの豊かさについて、冷静沈着かつ理路整然と反論したのです。この様子はテレビ放映され、西側諸国に希望と自信を与えました。

党派を超えた連邦議会

一九六〇年、ニクソンはついに大統領選挙に名乗りを上げます。しかし彼は、選挙戦序盤に体調を崩して入院したうえ、退院直後のテレビ討論会で大失態を演じます。〝テレビ映え〟を意識して準備周到なジョン・F・ケネディ（第三十五代大統領）に対し、ニクソンは顔色が悪いにもかかわらずメークを拒否し、着用したスーツも背景と同化してしまい、くたびれた印象を視聴者に与えました。逆に、討論をラジオで聞いた人の多くは、ニクソンに軍配を上げています。

大統領選挙に敗れた後も、ニクソンの不運は続きます。一九六二年のカリフォルニア州知事選挙に出馬したものの大敗。周囲の誰もが「地元ですら勝てぬニクソンはもうだめだ」と考えました。

それでも彼は、ペプシコ社の顧問弁護士に復帰し、辛抱《しんぼう》強く再起の時を待ちます。仕事で訪日した際は岸信介《きしのぶすけ》や池田勇人《はやと》、佐藤栄作《えいさく》らと交友し、日本での人脈も築きました。そして、ベトナム戦争による反共ムードの高まりやケネディ暗殺事件による政治混乱にも助けられ、一九六八年の大統領選挙で、再び共和党候補に迎えられます。

こうして奇跡の復活を遂げたニクソンは、「法と秩序（の回復）」をキャッチフレーズに、泥沼化していたベトナム戦争の早期収拾を公約に掲《かか》げました。これにより過激な反戦運動を行う若年層にくわえ、彼らを嫌悪《けんお》する保守層からも支持を得て大激戦を制したのです。

大統領となったニクソンは、強い指導力を発揮します。内政では世論の高まりに呼応し、EPA（環境保護局）やDPA（麻薬取締局）を矢継ぎ早に創設しました。他方、外交では国際政治学者のヘンリー・キッシンジャーを国家安全保障担当の大統領補佐官に抜擢《ばってき》し、対外政策を任せます。

その結果、対中関係では、いわゆる「ニクソン訪中」（一九七二年二月）を敢行し、ソ連と敵対していた中国を米国側へと一気に引き寄せることに成功します。また、対ソ関係では「SALTⅠ」（第一次戦略兵器制限交渉）の合意・署名（七二年五月）にこぎつけ、米ソデタント（緊張緩和）へ導きました。

こうした成果の一方で、失敗もありました。連邦議会が関知しない形でカンボジアやラオスの空爆に踏み切るも、ベトナム戦争の和平交渉は膠着《こうちゃく》状態に陥《おちい》ります。

また、戦費の増大によって財政危機に陥り、ドルの価値が暴落しました。対ドル防衛策として、金とドルの交換停止に踏み切ったものの、唯一の兌換《だかん》紙幣（金と交換可能な紙幣）であったドルは存在感を失い、自由主義諸国の経済に深刻な混乱をもたらしました。これがドル・ショックであり、対中電撃接近と合わせて日本では「ニクソン・ショック」と称されています。

他方で、アメリカ国内におけるニクソン政権への評価は総じて高く、民主党の不祥事などにも助けられて、ニクソンは一九七二年の大統領選で難なく再選を果たしました。

しかし、好事魔多しとはよくいったものです。七二年六月のウォーターゲート事件にニクソンが絡《から》み、事件のもみ消し・捜査妨害に関与していたことが明るみに出ると、国民の憤激を買います。世論に動かされた上院での大統領弾劾《だんがい》の採択が確実視される中、ニクソンは大統領の職を辞しました。

特筆すべきは、このときの連邦議会が党派を超える形で国家を擁護《ようご》する崇高《すうこう》な理念を持ち合わせ、政治を正しい方向へ導いたことです。しかし、現在のアメリカは個々の政治信条に沿って連邦議会も完全に分断されています。こうした分断を乗り越えられるか否かで、アメリカという国家の運命は今後決することになるでしょう。

38 大統領辞職という前代未聞の状況からアメリカを救ったジェラルド・フォード

数奇な巡り合わせで大統領に

第三十八代大統領ジェラルド・フォードは、選挙を経《へ》ずに副大統領と大統領に相次いで就任したアメリカ史上唯一の人物です。収賄《しゅうわい》疑惑で現職副大統領が辞職に追い込まれたことにより、リチャード・ニクソン（第三十七代大統領）によって副大統領に指名されました。

両者には特に個人的関係はなく、フォードは単に連邦議会の承認が容易というだけで副大統領に選任されました。その後、ニクソンが汚職疑惑による弾劾《だんがい》裁判回避のために辞職したことにより、大統領に昇任するというアメリカ政治史において前代未聞の状況となります。しかしフォードは、後述するニクソンへの特赦《とくしゃ》によって裏取引を疑われ、評判が失墜《しっつい》しました。

フォードがアメリカ中西部ネブラスカ州で生まれたとき、姓はキングでした。しかし、母親に対する父親の暴力が原因で両親は離婚し、のちに再婚したことでフォード姓を名乗るようになります。

家庭は決して裕福ではなく、フォードは苦学してミシガン大学へ進学しました。そして、アメリカンフットボールで全米代表に選出されるなど、スター選手として活躍します。このとき、彼のルームメートが黒人だったことにより、この頃から人種に対する寛容さが芽生えたといわれます。卒業後は、プロ入りの誘いを断ってイェール大学のロースクールへ進学し、弁護士資格を取得しました。

一九四九年に下院議員選挙に出馬、七三年まで連続十三期（二十六年）の長期にわたって下院議員を務めます。この間の六五年には、党務全般を取り仕切る共和党の下院少数党院内総務に推《お》されています。誠実かつ温厚で清廉な人柄だったため、党内のみならず民主党側からも信頼されていました。

そんなフォードの人生に、突如《とつじょ》として転機が訪れます。一九七三年当時、米社会の関心事はもっぱら「ウォーターゲート事件」（民主党本部に盗聴器が仕掛けられた事件）の顛末《てんまつ》にありました。その最中、ニクソンの最側近で副大統領のスピロ・アグニューに、汚職事件（州知事時代の収賄容疑）が発覚したのです。これを理由に彼が引責辞任したことにより、副大統領の座は空席となりました。

こうした苦境を、ニクソンは大胆な人事で打開しようとします。一九六七年に成立していた憲法修正第二十五条（副大統領が欠けたとき、大統領は後継の副大統領を指名）を行使し、汚職とは全く無縁でクリーンなイメージを持つフォードを副大統領に抜擢《ばってき》したのです。

ところが市民の憤激を背に、民主・共和両党が一枚岩となって弾劾裁判に臨む連邦議会を前にして、今度はニクソン自身が辞任を余儀《よぎ》なくされました。その結果、フォードは有権者の信認を得ずに、ついに大統領にまで昇格します。これは、彼が副大統領に就任してからわずか八

ジェラルド・フォード（1913〜2006）

カ月後のことでした。

市民を落胆させたニクソンへの特赦

こうして一九七四年八月に大統領に就任したフォードは、国民に向けて「Our long national nightmare is over」（われわれの長き悪夢は終わった）と呼びかけます。カラーテレビを通じた彼の肉声は、混乱の極みにある社会の再建と米市民の心を治癒するものとして、多くの人々から好意的に受け止められました。

ところが、そのわずか一カ月後、フォードは「前大統領は十分な報《むく》いを受けた」との理由で、ニクソンに大統領特赦を与えます。これによって、「ニクソンは法による正義から逃れた」と市民は大いに失望しました。

その反動をもろに受けて、同年の中間選挙では、上院で四議席増、下院で四十九議席増と、民主党の大躍進を許します。連邦議会の協力を喪失《そうしつ》したフォードは、拒否権の多用によって対抗せざるを得ませんでした。こうして、かつて下院の長老政治家であったフォードは、古巣の議会を敵に回して、苦しい政治的対決を強《し》いられたのです。

彼の試練はさらに続きます。当時は、戦後復興を成し遂げた日本が高度経済成長期をひた走っていた時代です。日米貿易摩擦《まさつ》は深刻化し、またインフレ（物価上昇）と失業率の増大が社会問題化していました。アメリカは輝きを失い、主要都市も荒廃して、紛《まぎ》れもなく低迷期に突入していたのです。

他方、対外政策では外交に積極的に身を投じ、重要な成果を挙げています。まず対ソ連関係では、一九七四年に「第二次戦略兵器制限交渉」（ＳＡＬＴⅡ）に臨み、デタント（緊張緩和）に寄与しています。

また、翌年には渡欧し、ＣＳＣＥ（全欧安全保障協力会議）に出席して「ヘルシンキ宣言」の成立を主導しました。人権が国家の主権を超えて守られるべき権利だとする宣言は、ソ連および東欧諸国に大きな衝撃を与えました。これがのちの「東欧革命」（一九八九年）とソ連終焉《しゅうえん》へとつながっていきます。

さらに、フォードは初めて来日した現職大統領となったほか、中韓両国を歴訪し、ベトナム撤退後のアジアにおけるアメリカのプレゼンス（存在感）回復にも尽力しています。しかし、実績という観点で見れば、依然として日米貿易摩擦は解消されず、かつ「第四次中東戦争」（一九七三年）に伴うオイルショック（石油危機）の事態も収拾できなかったため、彼の評価はあまり芳《かんば》しくありません。

そんなフォードに追い打ちとなったのがテレビ報道です。彼が大統領専用機の入り口で頭をぶつけたり、階段でつまずいたりすると、笑いのネタにして報じたのです。特に著名なコメディー番組「サタデー・ナイト・ライブ」では、人気コメディアンのチェビー・チェイスがフォードをまねて、「何かを壊さずには歩けない人」というイメージを世間に強く印象づけ、不人気を助長しました。

プレジデンシーを守り抜く

こうして迎えた一九七六年の大統領選挙は大波乱となりました。現職大統領でありながら、党内の予備選では、保守派が推すロナルド・レーガン（第四十代大統領）に猛追されます。これを何とか振り切って本選出馬へこぎ着けたものの、それまで全く無名で、きつい南部なまりで話すジョージア州出身のジミー・カーター（第三十九代大統領）に敗北を喫しました。

このときフォードが敗れた主要因は、ニクソンへの特赦だったとするのが大方の歴史家の見解です。そのうえで私は、この特赦がアメリカ政治史に与えた余波について検討したいと思います。その結果、特赦には次の三つの意義があったと考えます。

一つ目は、ニクソンの家族を報道被害から守ったことです。フォードは、長期化する裁判によって無関係な家族にまで累《るい》を及ぼすべきではないと気遣ったのです。

二つ目は、特赦による事件の早期終結によって、官邸スタッフが本来の職務に専念できるようになったことです。ニクソンの訴訟《そしょう》が本格化していれば、職員もその対応で忙殺《ぼうさつ》され、国家運営が滞《とどこお》り、大きな支障をきたしたのは疑いありません。

三つ目は、元大統領の刑務所への収監を防いだことで、「presidency」（大統領職に対する尊厳や威信）を守れたことです。フォードからすれば、特赦を受け入れたことでニクソンは罪を認めたに等しく、これ以上大統領職に泥を塗るのは耐え難《がた》いと考えたのです。

事実、一九九九年には民主党のビル・クリントン（第四十二代大統領）から、ウォーターゲート事件後の国家再建への努力を評価され、合衆国最高位の「大統領自由勲章」を贈られています。さらに、二〇〇六年のフォード逝去時には、彼に勝利したカーター元大統領らライバルから、大統領の権威を堅持した努力を称賛されています。

大統領を退任後にフォードが執筆した自伝のタイトルは、『*A Time to Heal: The Autobiography of Gerald R. Ford*』（邦訳『癒やしの時――ジェラルド・フォード自伝』）です。この書名のとおり、フォードの歴史的使命は、強烈な批判に耐えつつ、傷ついたアメリカを癒《い》やすことにあったのではないでしょうか。この点に関しては、ジョー・バイデン（第四十六代大統領）と通じるところがあるかもしれません。

39 政治の信頼回復を果たせなかったジミー・カーター

「Jimmy, Who?」

第三十九代大統領ジェームズ・アール・カーター・ジュニアは、ウォーターゲート事件で傷ついたアメリカ政治への信頼回復を託された人物です。南東部ジョージア州の生まれで、父は人口千人未満の町で兼業農家を営み、母は看護師をしていました。幼少期から学業優秀で、特に高校ではトップに近い成績を収めました。

高校卒業後は、当時短大だったジョージア・サウスウェスタン州立大学に進学します。そして、二年後に名門のジョージア工科大学に編入しました。なお、短大から四年制大学への編入は、アメリカではよくあることで、これは同国で重視されるのが「どこを卒業したか」という点にあるからです。

しかし、カーターの夢は海軍兵学校（Annapolis）への進学でした。そこで、第二次世界大戦終結の翌年に海軍兵学校へ入学を果たし、海軍士官の道を進みます。卒業後は潜水艦勤務に従事し、やがて原子力に詳しい技術者と見なされるようになりました。なお、在職中の一九五二年には、カナダの試験原子炉事故の事態収拾で自らも被曝《ひばく》し、核の恐ろしさを肌身で感じています。

ジミー・カーター（1924〜）

一九五三年に退役した後は、しばらく低所得者層向けの公営住宅で暮らしました。そして、妻とともに自学自習でピーナツ栽培を始め、やがて経済的成功を手に入れます。これによってジョージア州内での認知度が高まったカーターは、六一年にジョージア州上院議員選挙に出馬・当選し、政治家としてのキャリアをスタートします。その後、七〇年には同州知事選挙へ出馬。民主党内の予備選挙では落選濃厚だったものの、南部出身者には異色のリベラルな立場が注目され、逆転勝利を収めました。

州知事に就任したカーターは、人種差別撤廃や教育格差是正に精力的に取り組みます。そして、ジョージア州での成功を弾《はず》みにして、今度は大統領選挙（一九七六年）に名乗りを上げたのです。

ところが、地元ジョージアでこそカーターの名は知られていたものの、全国レベルとなると話は全く違います。そのため、最初は「Ｊｉｍｍｙ，Ｗｈｏ？」（ジミーって誰？）というジョークの的《まと》になりました。しかし、他者を惹《ひ》きつける笑顔やクリーンさ、一般人と何も変わらないという非エリート的なイメージが、政治腐敗に憤激していたアメリカ市民の心を次第につかみます。

ただ、ここで看過してはならないのは、カーター自身も機会主義的な行動をしていた事実です。対立候補の主張を踏まえ、保守とリベラルの立場を巧《たく》みに使い分けたのです。また、遊説《ゆうぜい》の際には高級なスーツの着用を避け、南部なまりを強調して演説するなど、ポピュリズムを前面に押し出し、世論の歓心を買おうとしました。

裏を返せば、そうせざるを得ないほど、カーターは政治的基盤を持ち合わせていなかったのです。この大衆世論頼みの姿勢が、のちに彼の命運を大きく左右することになります。

華々しい外交の陰で

こうしてカーターは、現職のジェラルド・フォードとの接戦を制して大統領に就任します。なお、就任式に際しては、連邦議事堂から大統領官邸まで徒歩で就任パレードを行って市民の喝采《かっさい》を浴び、以降これが慣例化しました。

カーターは、対外政策で「人権外交」を標榜《ひょうぼう》します。国家安全保障問題担当補佐官に反共タカ派の歴史学者ズビグネフ・ブレジンスキーを迎え、国務長官には優秀な法律家で能吏《のうり》でもあったサイラス・ヴァンスを据《す》えて、政策を同時かつ多方面に展開したのです。

まず、一九七七年にパナマとの間で新パナマ運河条約を締結し、九九年末の返還を確約します。セオドア・ルーズベルト（第二十六代大統領）が〝棍棒《こんぼう》外交〟で手にした運河を返すという歴史的イベントを通じて、中南米諸国との信頼強化に注力したのです。

続く一九七八年には、キャンプデービッド合意を実現させます。中東和平の機運を捉《とら》えて、エジプトとイスラエルの首脳を大統領山荘（キャンプデービッド）に招き、十三日間も協議を続け、和平合意にこぎ着けました。これ以降、アラブ諸国とイスラエルの間で全面戦争が起こっていない事実を鑑《かんが》みれば、同合意の重要性は明白です。さらに、七九年には米中国交正常化を実現し、ソ連とも「SALTⅡ」（第二次戦略兵器制限交渉）で合意に至っています。

このように外交政策では多くの成果があったものの、次第にカーターの弱点が露呈《ろてい》していきます。前述のように、彼には世論を妄信《もうしん》し、支持率の上下に右往左往する傾向がありました。くわえて、あまりにも頭脳明晰《めいせき》であるがゆえに、側近や閣僚たちになかなか仕事を任せられなかったのです。その中で、大統領への影響力をめぐってブレジンスキーとヴァンスがことごとく対立します。これによって政権内の深刻な亀裂があらわになりました。

問題は外交でも生じます。一九七九年にイランで「アメリカ大使館人質事件」が起きたのです。かねてイランでは、皇帝パフラヴィー二世による専制がなされていました。ところがカーターは、イランが同盟国だったこともあり、独裁を容認するのみならず、彼をたたえたのです。

しかし、広がる格差に対する国民の不満を背景に、ホメイニ師が主導したイラン革命によって、パフラヴィーはアメリカへの亡命を余儀《よぎ》なくされます。当然、革命政府側はパフラヴィーの身柄引き渡しを要求しますが、彼が末期のがんを患《わずら》っていたこともあり、アメリカ政府は要求を拒絶しました。これに激怒したイラン人の学生らがアメリカ大使館に侵入し、大使館員を人質に立てこもったのです。

超大国アメリカの大使館が占拠されること自体が前代未聞ですが、その後の救出作戦（イーグルクロー作戦）も、救出用のヘリが砂漠の嵐で墜落《ついらく》するなど失敗に終わりました。この事件でカーターの権威は、完全に失墜します。結局、人質が解放されたのは、次期ロナルド・レーガン大統領就任直後のことでした。

有権者の「矜持」こそ

こうした苦境は、やがて国内政策にも波及します。イラン革命によって産油国が軒並み原油生産を制限した結果、急激な原油不足・価格高騰《こうとう》によるインフレ（物価上昇）と失業率の増大が起こったのです。いわゆる「第二次石油ショック」です。

カーターは国際協調を通じて危機を乗り切ろうとしますが、各国の政治的思惑や国内事情もあって足並みはそろわず、米経済は深刻な打撃を受けます。頼みの綱は与党・民主党が率《ひき》いる連邦議会でしたが、肝心な大統領と議会との関係は険悪でした。

それぞれの議員が自身の選挙区を優遇する法案を提出し、政府予算案と抱《だ》き合わせで可決することは、現在でも〝必要悪〟とされ、ある程度黙認されています。以前も書いたように、これを「ポークバレル」と呼びますが、世論の歓心を得たいカーターは事前の根回しなしに、こうした法案を次々に握りつぶしたのです。

結果として議員は選挙区に実績を示すことができず、自《おの》ずと政権を敵視するようになります。そのため、カーターは次の大統領選挙戦に向けて、まず民主党内のライバルとの争いに力を割《さ》かれました。

こうして迎えた一九八〇年の大統領選挙で、カーターは現職でありながら歴史的な大敗を喫します。共和党候補のロナルド・レーガンに、選挙人投票で十倍という屈辱《くつじょく》的な大差をつけられたのです。

カーターは、その外交実績から、のちにノーベル平和賞を受賞しました。しかし、その栄光の裏にある挫折《ざせつ》や彼が招来した米社会の低迷から、私たちは学ぶ必要があります。それは、有権者が「矜持《きょうじ》」を持つことの重要性です。政治家の不祥事や、失策による景気低迷で社会が混乱に陥《おちい》ると、人々は見栄えのよいものに飛びつきがちです。つまり、さっそうとしたリーダーの聞こえのよい言動に、ついなびいてしまうのです。

しかし、こうしたときこそ、真贋《しんがん》を見抜く知性と教養が求められます。特にこれからの時代、民主主義の盛衰《せいすい》は、国家の将来を見据えた有権者の一票にかかっていることを、今一度肝《きも》に銘じる必要性があるのではないでしょうか。

40 強いアメリカを復活させ、冷戦終焉の道筋をつけたロナルド・レーガン

厚い信仰心で人間性を磨く

第四十代大統領ロナルド・レーガンは、卓越した指導力でアメリカに威信と栄光を取り戻した人物です。天性ともいえる人間味とコミュニケーション力で人々を惹《ひ》きつけ、改革を断行し、のちには西側陣営（西欧諸国や日本など）を率《ひき》いて東西冷戦を終結へと導きました。

レーガンはカリフォルニア州の人間というイメージが強いと思いますが、実は中西部イリノイ州の出身です。両親はキリスト教を信奉《しんぽう》していましたが、父はカトリック、母はプロテ

スタントでした。特に、母は厳格な教義を守り、レーガンもその強い影響のもとで成長していきます。

日曜日になると母子でよく教会へ通い、やがてレーガンは信徒の前でスピーチするまでになりました。ここでの経験が、のちにアナウンサーとしての話術や俳優業での演技力につながったのでしょう。くわえて、信仰を通じて培《つちか》われた「召命《しょうめい》」(神に命じられた責務)の価値観が、時を経《へ》るごとにレーガンの人格を形成・強化し、人生行路を方向づけるようになります。

地元の高校を卒業したレーガンは、キリスト教系の地元私大であるユーレカ大学に進みます。そして卒業後は、ラジオアナウンサーの仕事に就《つ》きました。持ち前の話術とユーモアに溢《あふ》れたスポーツ実況は、好評を博したといいます。

しかし、彼の最大の夢は映画俳優になることでした。当時も今もアメリカの映画産業の中心はハリウッド(カリフォルニア州)ですが、レーガンは一九三七年に同地へ移り、最初は脇役ながらも念願の映画俳優になります。

その後も容姿端麗《たんれい》な役者として多くの映画作品に出演していく中でチャンスがめぐり、ついに主演の座をつかみます。そして、ここで得た名声を武器に、次は大手企業がスポンサーのテレビ番組の司会に起用され、一躍お茶の間をにぎわす有名人となりました。

また、このころに俳優のジェーン・ワイマンと出会い、最初の結婚をします。ジェーンはのちの第二十一回アカデミー主演女優賞を受賞するなど、いわゆる「Aリスト」の俳優です。他方のレーガンは、テレビ番組を通じて知られていたものの、映画の主演作が少なかったため、俳優としての存在感は低めでした。こうしたこともあって夫婦仲は次第に疎《そ》遠《えん》になり、ジェーンがアカデミー賞を受賞した一九四八年に離婚に至ります。

なお、その四年後にレーガンは新人俳優のナンシー・デービスと再婚します。献身的で愛情深い彼女との結婚は、レーガンに心の安らぎと自信をもたらしました。

ロナルド・レーガン（1911〜2004）

歴史的大勝で大統領に

レーガンのハリウッド時代で特筆すべきは、反共（反共産主義）に転じたことです。大恐慌時代に青年期を過ごした彼は、フランクリン・D・ルーズベルト（第三十二代大統領）のリーダーシップに心酔《しんすい》し、両親とともに民主党を支持します。

ところが、俳優組合の委員長を務める中で同僚らが共産主義に傾倒し、かつ謀略《ぼうりゃく》的な組織行動を取ったことに幻滅して、一気に反共へ変わったのです。そうしてマッカーシー旋風《せんぷう》に乗って、映画界の赤狩り（告発）に積極的に協力するようになりました。

一九六二年、レーガンは五十歳を過ぎて共和党に入党します。そして六四年の大統領選挙では、知名度や話題性を生かして共和党候補の応援に立ち、よく通る声とスピーチのうまさから大きな評判を得ました。この演説が契機となって、六六年のカリフォルニア州知事選挙に担ぎ出され、見事に当選します。これにより〝カリフォルニア州のレーガン〟というイメージが定着していったのです。

州知事となったレーガンは、周囲も驚くほどの手腕を発揮します。当時のカリフォルニア州の人口は約千九百万人（現在は約四千万人）で、州単独で世界第六位（現在は五位）のGDP（国内総生産）を誇っていました。当然、扱う予算も巨額でしたが、累積《るいせき》債務も膨大なものとなっていたのです。この点は、今の日本の状況によく似ています。

ところがレーガンは、各分野の支出を一律で一割カットするのみならず、州税を引き上げて財政の健全化を図《はか》ります。元来、共和党は減税の推進を好むだけに、この政策は際立ちました。

レーガンは、最終的に二期八年にわたって州知事を務めます。在任中は、カリフォルニア大学バークレー校で起きた学生による反政府デモに強権的に対処する一方、本格的な社会福祉改革を手がけたり、中絶法に署名したり、リベラルな政策も推進し、バランスの取れた政治を実現しました。

こうした成果によって自信を得たレーガンは、大統領の座を狙うようになります。しかし、一九六八年（予備選敗退）、七二年（不出馬）、七六年（予備選敗退）といずれも時宜《じぎ》を得ず、大望はかないませんでした。

この間、国内政治は迷走し、経済も加速度的に落ち込んでいきます。そして、リチャード・ニクソン（第三十七代大統領）の汚職とジミー・カーター（第三十九代大統領）の失政によってアメリカの威信は大きく毀損《きそん》し、市民は英明なリーダーの登場を待望するようになりました。

こうして迎えた一九八〇年の大統領選挙に、レーガンは「強いアメリカの復活」を掲《かか》げて出馬します。テレビ討論の最後に、「四年前に比べてあなたの暮らしはよくなりましたか。イエスならば答えは明白だが、違うなら別の選択肢がある」と訴えます。その結果、現職大統領のカーターを相手に勝利を収めたのです。選挙人投票で四百八十九対四十九という歴史的大勝でした。

「俳優でなければ大統領は務まらぬ」

大統領となったレーガンは、小さな政府を核とする「新自由主義」のもと、「サプライサイド経済学」を実践します。サプライサイドとは供給側、すなわち企業や生産者を意味します。これらを優遇することで、投資や雇用を活性化しようとしたのです。また、知事時代と打って変わって個人所得税を大きく引き下げたのに対して、社会福祉予算は大幅に削減しました。

他方でレーガンは、「悪の帝国」とのレッテルを貼ったソ連に勝利すべく、「SDI（戦略防衛構想）」を推進し、国防予算を拡大させています。この一連の経済・財政政策は「レーガノミクス」と呼ばれ、激しい賛否を巻き起こしました。

こうしたレーガンの政策は、いずれ破綻《はたん》すると見られていました。大幅減税と国防予算の増大で巨額の財政赤字が生まれたからです。赤字は国債発行で賄《まかな》いますが、高金利での赤字国債は、急激なドル高を引き起こします。このドル高が引き金となって今度は貿易不振に陥《おちい》り、貿易赤字（経常赤字）が発生するいわゆる「双子の赤字」が生じたのです。

一方、莫大《ばくだい》な予算を投じたSDIは、米ソ対立に拍車をかけ、「新冷戦」と呼ばれる緊張をもたらします。折しも西側陣営には、マーガレット・サッチャー首相（イギリス）、ヘルムート・

コール首相（西ドイツ）、中曽根康弘首相らがいました。国際社会におけるアメリカの重要性や自由主義の価値を理解していた首脳らは、大局的観点から歴史的な「プラザ合意」（一九八五年）を実現。世界的なドル安へと導き、これがアメリカ経済を支えたのです。

また、対ソ関係でも西側陣営の結束は維持しつつ、「中距離核戦力（ＩＮＦ）全廃条約」（一九八七年）を締結するなど、米ソ軍拡に歯止めを掛けました。さらに彼は、ミハイル・ゴルバチョフソ連共産党書記長といくつかの米ソ首脳会談を経て、冷戦終焉の道筋を立てました。こうしてレーガンは、二期八年の間に国家の威信を取り戻し、強いアメリカによる国際秩序を回復したのです。

もちろん、政治的醜聞《しゅうぶん》からレーガンの事績には批判が伴うのも事実です。それでもレーガンは、「強いアメリカの復活」との公約を果たし、その勢いをもって社会的弱者の包摂《ほうせつ》も進めました。

たとえば障害者福祉の向上に努め、アメリカのノーマライゼーション（誰もが平等に生きられる社会）を推進しています。それは「寛容なる保守」の良識と矜持《きょうじ》を広く国内外に示し、アメリカの威信を高めるものでした。

レーガンは退任に際し、「繁栄を維持するために、アメリカは移民を受け入れ続けなければならない」と語っています。つまり、多様性ある社会が、アメリカの国力の淵源《えんげん》だと考えていたのです。

レーガンの軌跡に、あらためて危機の時代における指導者のあり方を思います。かつて日米首脳会談でレーガンは、「私が当選した時、『俳優でも大統領は務まるのか』と問われた。(中略)だが、俳優ではない人に大統領は務まるのだろうか」と語ったとされます。

自らの政策をわかりやすい言葉で伝えて世論を形成し、市民の力を結集しながら国家の威信と繁栄を担保する。もちろん、才能や俳優の経験があったとはいえ、彼は〝大統領たらん〟とする努力を惜しみませんでした。

こうした意味でもレーガンは傑出《けっしゅつ》した指導者であったといえるのではないでしょうか。

第 6 章

冷戦後

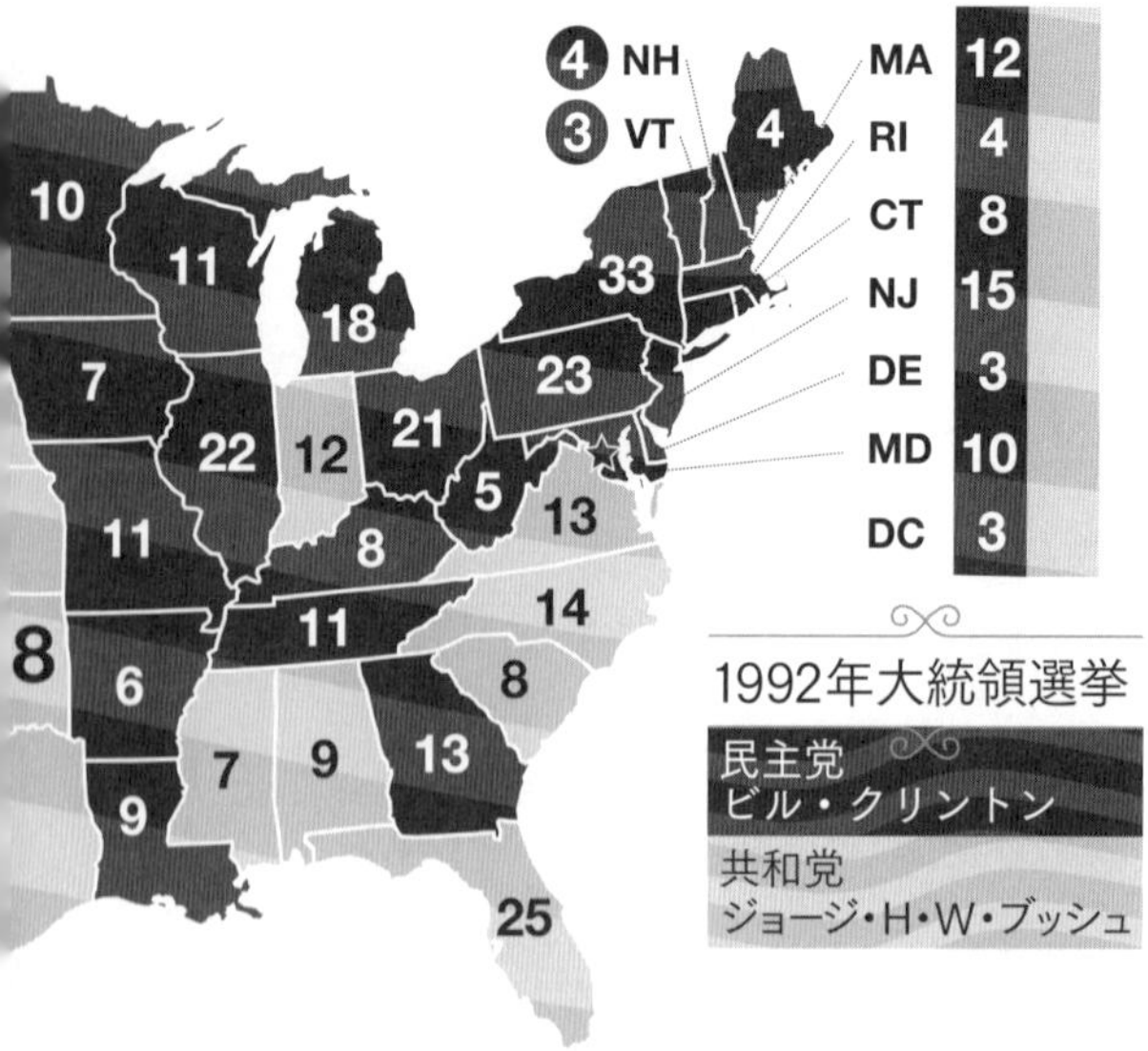
4 NH
3 VT
4
MA 12
RI 4
CT 8
NJ 15
DE 3
MD 10
DC 3
10
11
18
33
7
23
22
12
21
5
13
11
8
14
8
11
6
8
7
9
13
9
25
1992年大統領選挙
民主党
ビル・クリントン
共和党
ジョージ・H・W・ブッシュ

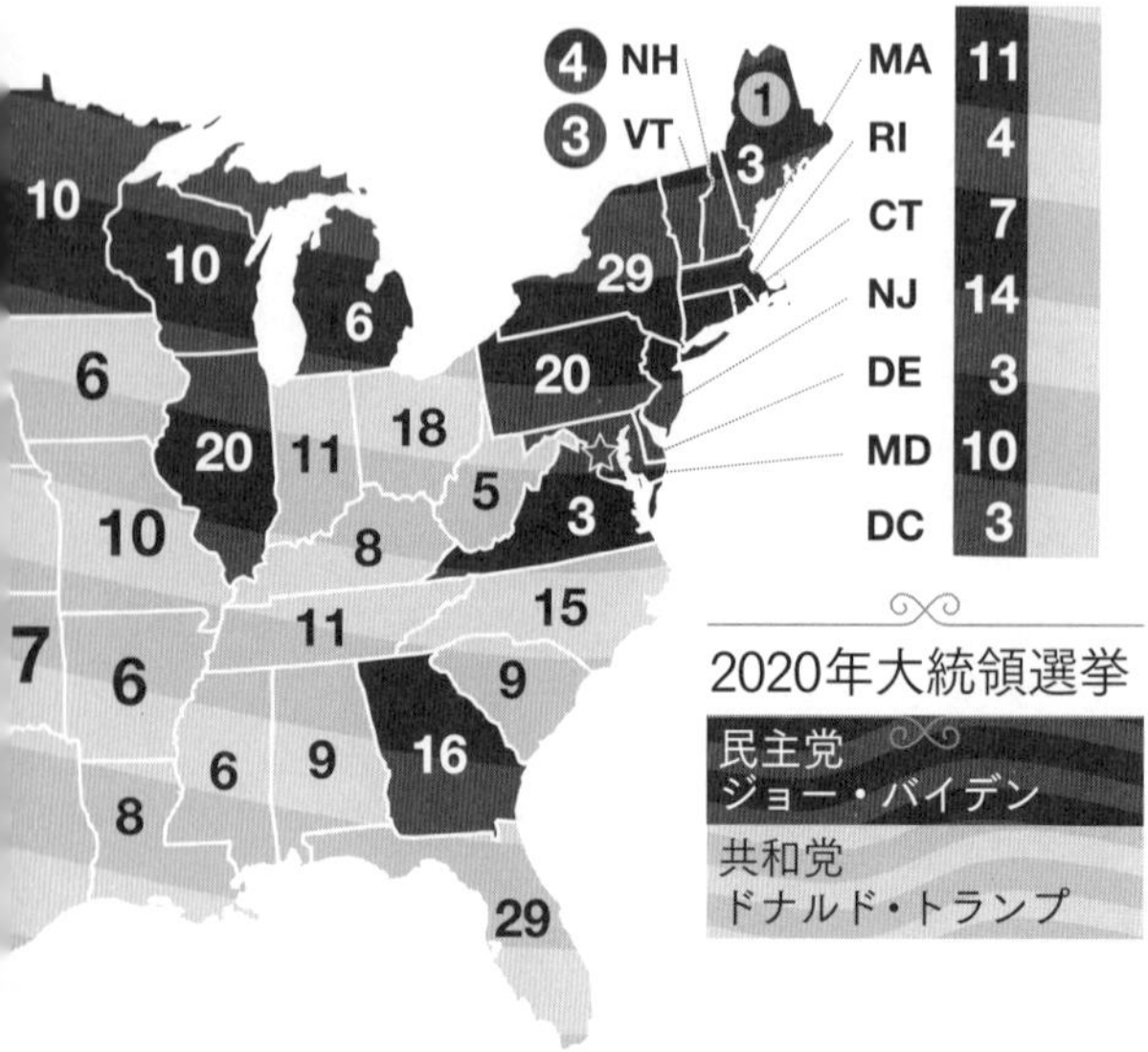
4 NH
3 VT
1
3
MA 11
RI 4
CT 7
NJ 14
DE 3
MD 10
DC 3
10
10
6
29
6
20
20
11
18
5
13
10
8
15
7
11
6
9
6
9
16
8
29
2020年大統領選挙
民主党
ジョー・バイデン
共和党
ドナルド・トランプ

州別獲得選挙人分布図
（1992年, 2020年）

1992

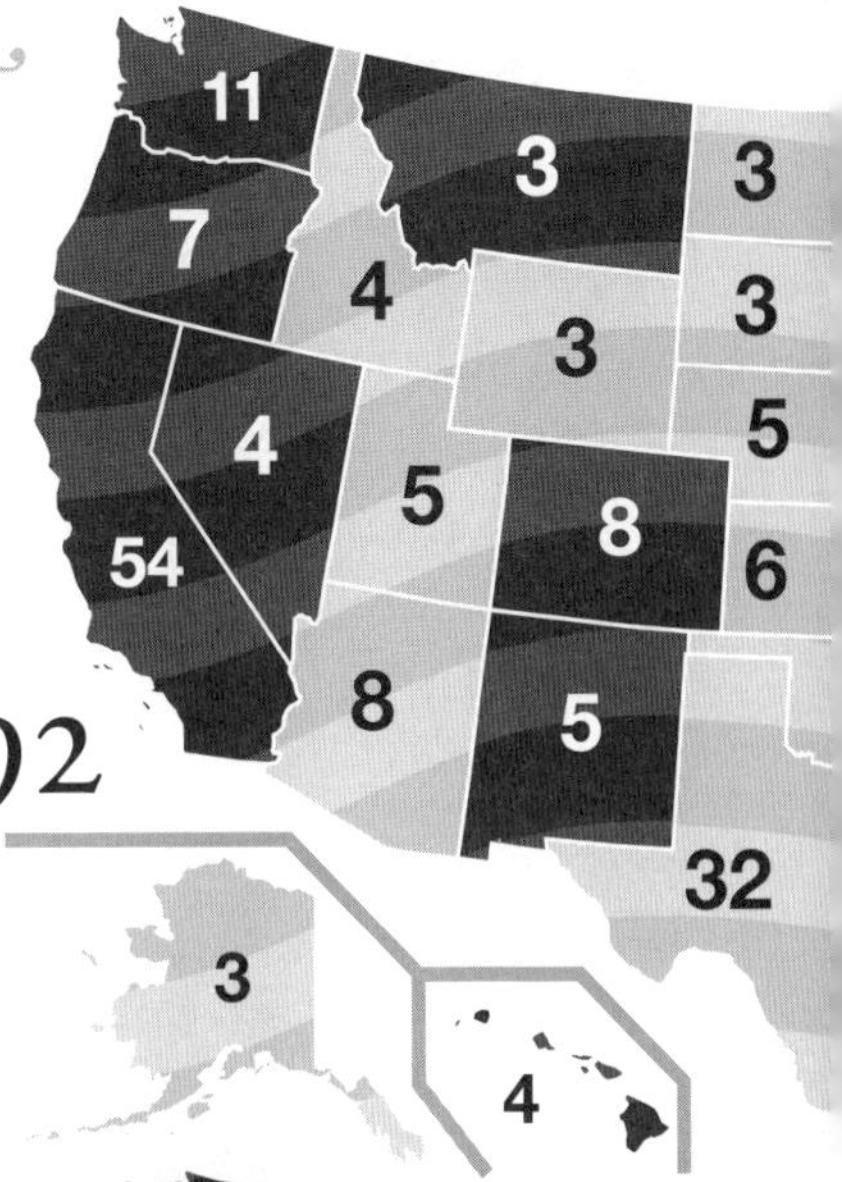

※ネブラスカ州（中央部）とメーン州（北東部）では、州全体で勝った候補と、州内の下院議員選挙の選挙区で勝った候補ごとに選挙人を獲得する方式。2020年は両州ともに2人の候補で選挙人が分かれた。両州内の丸印と丸内の数は、下院議員選挙の選挙区で獲得した選挙人の数。

2020

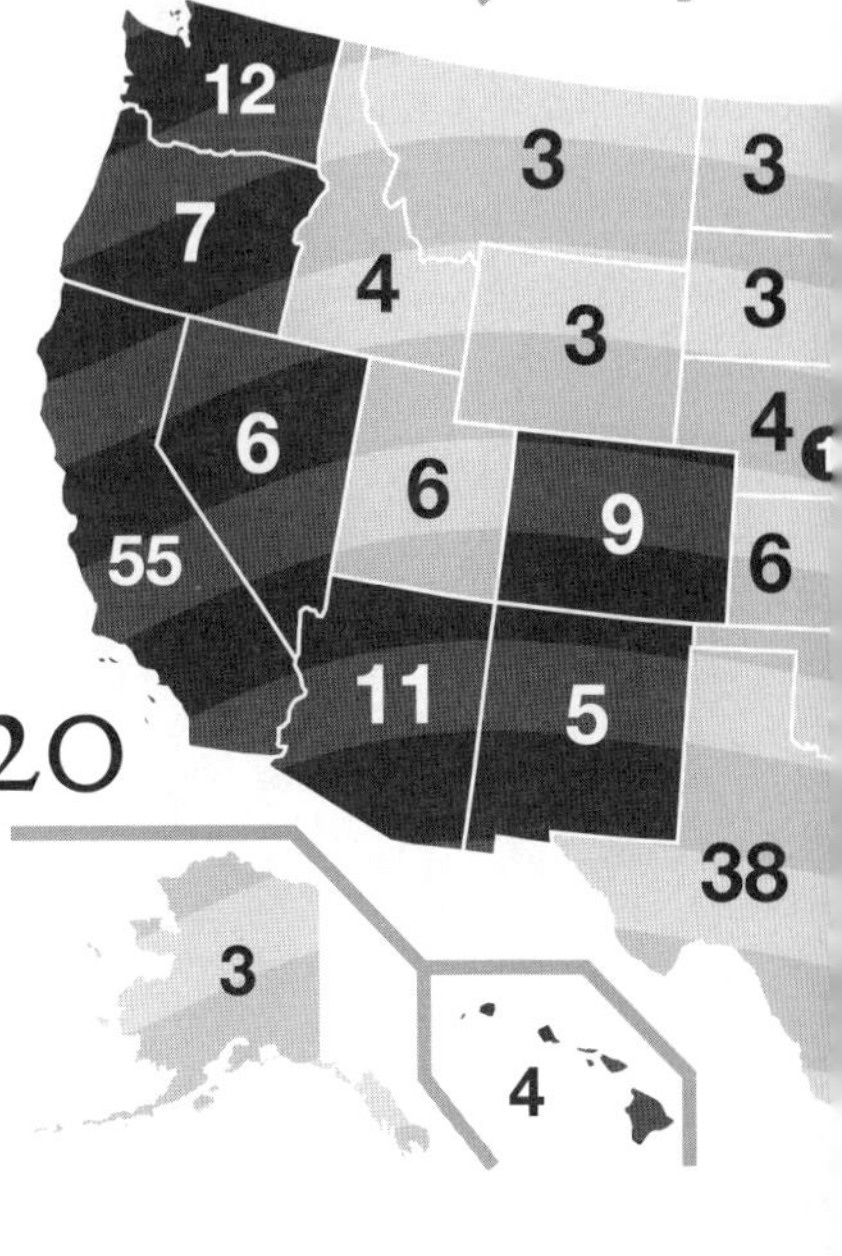

41 激動期に中道の政治を追求したジョージ・H・W・ブッシュ

アメリカ屈指の名門出身

アメリカには、これまで二組の親子大統領が誕生しています。一組がジョン・アダムズ（第二代大統領）とジョン・クインジー・アダムズ（第六代大統領）、もう一組が今回取り上げるジョージ・ハーバート・ウォーカー・ブッシュ（第四十一代大統領）と、ジョージ・ウォーカー・ブッシュ（第四十三代大統領）です。

稀有《けう》な親子大統領として人々に記憶されがちなブッシュですが、より重要なのは東西冷戦後の激動期に、民主・共和両党の利害関係に配慮し、中道政治を追求した保守政治家であった点です。いまだに繰り返されるドナルド・トランプ（第四十五代大統領）の粗暴《そぼう》な言行と比べれば一目瞭然《りょうぜん》で、伝統的な〝共和党らしさ〟を体現した最後の指導者であることがわかります。

ブッシュは、北東部のマサチューセッツ州に生まれました。ブッシュ家はアメリカ屈指の名門で、祖父サミュエル、父プレスコットも実業家として名を馳せるとともに、連邦政府の公職を多数務めています。富貴な家で何不自由なく育ったブッシュでしたが、「ノブレス・オブリージュ」（身分の高い者が果たすべき社会的責務）の精神から、高校卒業後すぐに海軍入隊を志願しました。

やがて第二次世界大戦が勃発《ぼっぱつ》すると、彼は最も若い艦上攻撃機のパイロットとして、太平洋戦線へ従軍します。のちに小笠原諸島沖で撃墜《げきつい》されたものの、彼だけが辛《かろ》うじて死線をくぐり抜けました。なお、ブッシュは大統領退任後に撃墜現場を再訪し、亡くなった戦友たちを追悼《ついとう》しています。

太平洋戦争終結後、郷里に戻ったブッシュは、フランクリン・ピアース（第十四代大統領）の末裔《まつえい》である名家の令嬢バーバラ・ピアースと結婚。六人の子どもに囲まれて、幸せな家庭を築きます。

この間、学びを深めるために東部の名門イェール大学へ入学し、野球部に入ってスポーツにも励みました。のちにはキャプテンに選ばれ、チームを全米大会へと導いていますが、このときからリーダーとしての素質を持ち合わせていたことがわかります。

百九十二年ぶりの快挙

大学卒業後は両親から自立するために南部テキサス州へ移り、石油事業に従事、やがて自ら石油会社を立ち上げます。アメリカの石油産業が一気に拡大していたタイミングの良さにくわえ、実業界における父祖の信用と人脈、彼自身の経歴や資質などが評価され、事業は成功しました。

こうした実業界での実績を引っ提《さ》げ、一九六四年に地元テキサスの連邦上院議員選挙へ出馬します。しかし、ブッシュは党を代表する新人と期待されていたものの、当時のテキサスは民主党の牙城《がじょう》で、共和党の政治基盤は弱く、落選して苦杯を喫しました。

それでも六七年に党の要請に従って連邦下院議員選挙へくら替え出馬し、見事に当選します。

ジョージ・H・W・ブッシュ（1924～2018）

そして、国際連合（国連）大使を皮切りに、米中連絡事務所所長（大使に相当）、ＣＩＡ（中央情報局）長官など次々と要職を歴任しました。

当時、こうした役職にはキャリア官僚の登用が通例でした。ところが、超党派的な意識を有して指示に従わない官僚を忌避《きひ》したリチャード・ニクソン（第三十七代大統領）は、常に忠実に従うブッシュを重用したのです。くわえて、共和党は南部での勢力拡大をうかがっていたため、テキサスに地盤を持つブッシュの将来性を見込んで登用した側面もありました。

こうして迎えた一九八〇年、ブッシュはついに大統領予備選挙（共和党全国大会）に名乗りを上げます。このときの政敵はロナルド・レーガン（第四十代大統領）で、ブッシュはレーガンの掲《かか》げる「サプライサイド経済学」（企業や生産者など供給側を重視する経済学）を「ブードゥー（呪術的）経済学だ」と厳しく批判し、激しい政策論争が繰り広げられました。

しかしながら、俳優出身のレーガンの知名度を前にして全く歯が立たず、大統領候補の指名には至りませんでした。その後の本選では、南部の支持獲得のために、今度は副大統領候補としてブッシュに白羽《しらは》の矢が立ちます。そして、大統領選挙でのレーガンの勝利を経《へ》て、一九八一年一月、ブッシュは正式に副大統領に就任したのです。

ところで、副大統領職は一般的に閑職として知られます。そのうえ、就任に至るまでの経緯もあり、レーガンとブッシュの間には大きな溝《みぞ》が存在していました。

しかし、誠実に職務に精励《せいれい》するブッシュに転機が訪れます。副大統領就任の二カ月後、レーガンが首都ワシントンで銃撃されたのです。現職大統領が病院へ緊急搬送される大混乱の状況にあって、政府高官らはブッシュに大統領の臨時代行を務めるよう促《うなが》しました。それにもかかわらず、ブッシュは要請を峻拒《しゅんきょ》し、ホワイトハウスに一切足を踏み入れなかったのです。

退院後、この事実を知ったレーガンは、ブッシュの振る舞いに感銘し、毎週木曜日に昼食をともにするようになります。こうして二人の信頼関係は醸成《じょうせい》されていきますが、国民から見た副大統領の存在感は薄く、ブッシュは二期八年の任期を静かに全《まっと》うしました。

こうして迎えた一九八八年の大統領選挙、ブッシュはレーガンの後継者として出馬します。当初、富裕層への課税を嫌う党内保守派の動向もあり、穏健《おんけん》派のブッシュの当選が危ぶまれる場面もありました。

そこで彼は、選挙公約を保守色の強いものにするとともに、演説で「私の唇《くちびる》を読め。増税はしない」と訴え、保守票を固めて大勝します。二期八年を務めた現職副大統領が大統領に就任するのは、本書の冒頭で解説したジョン・アダムズ以来、実に百九十二年ぶりでした。

アメリカ史に刻まれるADA制定

大統領に就任したブッシュは、内政・外交に手腕を発揮し、多くの功績を残しました。まず内政では、一九九〇年七月に制定された「ＡＤＡ」（障害を持つアメリカ人法）が真っ先に挙げられます。

従来の公民権法では、性別、人種、皮膚の色、思想・信条、出身国による差別を禁じていたものの、障害は含まれていませんでした。そこで障害者の雇用（就職）差別を禁じるとともに、公共機関をはじめ、あらゆる施設のアクセシビリティー（利便性）を法によって保障したのです。これにより役所、学校、町の飲食店、そしてホテルに至るまで、民間施設のバリアフリー化が一気に進みました。

また、外交ではいわゆる「湾岸戦争」で優れた指導力を示します。ＡＤＡ制定の翌月、突如《とつじょ》イラクのサダム・フセイン政権が隣国クウェートへ侵攻し、併合を宣言します。すると、武力による現状変更を容認できなかったブッシュは、五十四万人もの米兵をペルシャ湾岸地域に投じる大規模な軍事作戦に踏み切ったのです。

ただ、彼は米国の単独行動という形を回避するため、国連安全保障理事会に諮《はか》って多国籍軍の結成を主導します。こうして「砂漠の嵐作戦」（一九九一年一月）が行われ、クウェートの解放に至ります。戦争に勝利したことはもちろん、米兵の戦死者が百四十八人にとどまったこともあり、ブッシュの支持率は一時、八九％という驚異的な数字に達しました。

ところが、「好事魔多し」とはよくいったもので、思わぬ落とし穴が待ち受けていました。景気が緩《ゆる》やかな後退期に入っていたのです。この事態を受け、富裕層への増税と社会保障の拡充を強く求める民主党に対し、超党派的な姿勢を重視したブッシュは、やむなく増税へと踏み切りました。

しかし、これは共和党保守派からすれば重大な背信《はいしん》行為であり、国民も公約の反故《ほご》を厳しく責め立てました。その結果、大統領の求心力は一気に低下します。こうして新世代を代表するビル・クリントン（第四十二代大統領）の勝利へとつながっていくのです。

このように一期四年で退任を余儀《よぎ》なくされたブッシュでしたが、外には国際協調を重んじ、内にあっては超党派性を重視する「正当な政治」を推《お》し進めました。また、レーガン前大統領が道筋を立てた米ソ冷戦の終焉を、ミハイル・ゴルバチョフソ連共産党書記長とのマルタ首脳会談で実現させています。その功績は、現在のアメリカ政治の分断が深刻だからこそ、見習うべきところが多々あります。

42

経済を再生し、自由主義陣営の拡大にも努めたビル・クリントン

不遇の少年時代

第四十二代大統領ウィリアム・ジェファーソン・クリントン（通称ビル・クリントン）は、内政にあっては制度改革や規制緩和で経済を立て直し、外交にあってはポスト冷戦後期における国際秩序の安定に寄与したリーダーです。

クリントンは、温泉とダイヤモンド鉱山で知られる南部アーカンソー州に生を受けました。もともとの姓は「ブライス」で、実父は彼の出生前に交通事故死したため、母はクリントン

が生まれると、看護師を目指して単身ルイジアナ州へと渡ります。そのため、幼きクリントンは母方の祖父母に養育されました。

幸い、食料品店を営む祖父母は愛情深いうえに、人種差別がはびこる当時の南部としては珍しく、黒人にも店を開放していました。こうしたことが、のちに「黒人の心を持った大統領」と称されることになるクリントンの人種観にも、強い影響を及ぼしたと考えられます。

ビル・クリントン（1946〜）

その後、母は再婚し、母子は再び同居を始めますが、その義父が「クリントン」姓でした。義父は重度のアルコール依存症で、幼きクリントンに対して日々激しい暴力を振るったため、彼の生活は大変つらいものとなりました。

しかし、クリントンはこうした逆境にくじけることなく、自己研鑽に励みます。高校時代には、高倍率を勝ち抜いて「ボーイズ・ネーション」（疑似選挙等を通じて政治と民主主義を実地に経験する学生組織で、退役軍人協会であるアメリカン・リージョンが運営する）に抜擢《ばってき》され、ホワイトハウスに招かれます。

彼はここで、生涯にわたってその影響を受けるジョン・F・ケネディ（第三十五代大統領）と面会し、いずれ自分も立派な政治家になるのだという夢を強く抱《いだ》くようになります。当時の映像には、喜色《きしょく》満面で大統領と握手するクリントンの様子が映っていますが、この映像を彼はのちに臨む大統領選挙で大々的に用いました。

高校卒業後、クリントンは首都ワシントンにあるジョージタウン大学へ進学。やがてローズ奨学生（イギリスの鉱山王で政治家のセシル・ローズが創設した格式高い奨学金）に選ばれて渡英し、オックスフォード大学へ留学します。そして、帰国後はイェール大学ロースクールへと進み、法務博士号（JD）を得て、州立アーカンソー大学で教壇に立ちました。

新しい「民主党」の姿を示す

ケネディとの出会いによって政治家を志していたクリントンは、一九七四年の連邦下院議員選挙に民主党候補として出馬しました。このときは僅差《きんさ》で惜敗《せきはい》しますが、翌年には大きな幸運をつかみます。イェール大時代に出会った一年先輩のヒラリー・ロダムと結婚したのです。快活かつエネルギッシュで、政治的感覚にも富む彼女との結婚は、彼の政治家人生に好影響をもたらします。

一九七八年にはアーカンソー州知事選挙へ出馬・勝利し、三十二歳の若き州知事として脚光を浴びます。ところが、キューバ人難民の州軍施設受け入れをめぐって市民の反感を買い、さらに受け入れた難民が暴動を起こしたことで支持率は急落、再選を逃しました（当時の同州の知事任期は二年）。それでも持ち前の粘り強さを発揮し、一九八二年の州知事選挙で復帰を果たし、九二年まで州知事を務めます。

こうして迎えた一九九二年の大統領選挙に、クリントンは初めて名乗りを上げます。当初は、現職のジョージ・H・W・ブッシュが湾岸戦争勝利の栄光を背景に、圧勝するというのが大方の読みでした。そのため、勝算がないと見た民主党の有力候補は、軒並み出馬を見送ったのです。

ところが、米経済が不景気の局面を迎えたうえに、ブッシュは「増税せず」との公約を反故《ほご》にして増税に踏み切りました。これに対して有権者の不満は一気に爆発し、無名であるものの、若くて新鮮なイメージを有するクリントンに支持が集まり、想定外の勝利を手にしたのです。

衆望を担って大統領の座に就《つ》いたクリントンと彼のチームは、早速、新たな民主党の姿を内外に示します。たとえば、以前では考えられなかったTシャツにGパンというとてもラフな格好で、若いスタッフがホワイトハウスを出入りするようになったのです。また、支出が拡大する一方だった政府予算に対して財政規律を重視し、伝統的にばらまき政策を好む民主党にあって、大きな政策の転換をもたらしました。

この方針に基づき、クリントンは金融制度改革に着手し、大規模な規制緩和に踏み切ったほか、アル・ゴア副大統領の「情報スーパーハイウェイ構想」を後押ししてインターネットの普及に尽力します。ちなみに、ホワイトハウスのウェブページが登場したのもこのころです。こうした政策はIT産業の勃興《ぼっこう》に寄与し、重化学工業からの産業転換にもつながっていきます。

これによってアメリカ経済は好景気へと転じて、税収も増加していきました。するとクリントンは、一層の歳出削減に励み、財政赤字の解消を目指します。その結果、一九九八年には二十九年ぶりの財政黒字に転じ、続く二〇〇〇年には、約二千三百億ドル（二十六兆円）もの財政黒字を実現させます。これらは共和党の持ち味を奪うとともに、旧来的な民主党像を塗り替えるものでした。

一方、外交でもクリントンは世界規模で手腕を振るいます。まず中東地域では、一九九三年に「パレスチナ暫定自治協定」の成立を主導します。この協定は、イスラエルとPLO（パレスチナ解放機構）の平和的共存を志向する画期的なものでした。しかし、残念ながらイスラエルのイツハク・ラビン首相が暗殺されたことにより、和平の実現には至りません。

また、北米では共和党の賛同も得て、一九九四年に米・カナダ・メキシコの三カ国によるNAFTA（北米自由貿易協定）の締結をもたらします。さらにアジアでは、核開発疑惑に基づくIAEA（国際原子力機関）査察を拒否した北朝鮮に経済制裁を発動しつつ、衝突回避を狙ってジミー・カーター元大統領（第三十九代）を派遣し、重油の提供と引き換えに核開発を凍結させました。そのほか、ベトナムとの間では一九九五年に国交回復を果たし、ベトナム戦争を過去のものとします。

くわえて、同年末には民族対立が激化していた旧ユーゴスラビアのボスニア紛争に介入し、和平協定を成立させます。その四年後のコソボ紛争では、人道的観点からNATO（北大西洋条約機構）軍とともにセルビアを空爆し、コソボ自治州の独立に貢献しました。

他方、アフリカでは深刻な失策を犯しています。一九九一年から内戦が続くソマリアでは、人道支援の観点から米軍を派遣したものの、米兵十八人が殺害されて厳しい世論の批判にさらされ、一時撤退を余儀《よぎ》なくされました。このため、続くルワンダ内戦（九〇〜九四年）には介入をためらい、結果的にフツ人によるツチ人の大量虐殺《ぎゃくさつ》を阻止できませんでした。なお、のちにクリントンは「大統領として最も悔《く》いが残ること」と述べています。

それでも、内政・外交でのクリントンの評価は良好で、一九九六年の大統領選挙では難なく再選を果たしました。ところが、再選後の彼に前代未聞のスキャンダルが襲います。ホワイトハウスの女性インターンと官邸内で性的行為に及んでいたことが発覚したのです。

これに対し、クリントンはテレビ会見で全面的に否定したものの、独立検察官の捜査でその虚偽が露呈《ろてい》します。このため一九九八年一月には、偽証と捜査妨害を理由に、アンドリュー・ジョンソン（第十七代大統領）以来、米史上二回目の大統領弾劾《だんがい》裁判にかけられます。

連邦議会での評決では、辛《から》くも罷免《ひめん》は回避されたものの、拭《ぬぐ》い難《がた》い政治的汚点が残りました。それゆえに、人によってはその功績よりも、醜聞《しゅうぶん》のほうが鮮明に記憶される大統領となってしまいました。さらに、クリントンが象徴するこうしたアメリカ政治におけるモラルの失墜《しっつい》が、次期大統領選挙での争点の一つとして浮上していきます。

43 単独行動主義でアメリカの輝きを減じたジョージ・ウォーカー・ブッシュ

アルコール依存症から妻の支援で立ち直る

第四十三代大統領ジョージ・ウォーカー・ブッシュは、アメリカ史上二例目の親子大統領です。ただし、中道政治を志向した父（第四十一代大統領ジョージ・ハーバート・ウォーカー・ブッシュ）や、その父と党派を超えた友情を築いたビル・クリントン（第四十二代大統領）とは裏腹に、支持者への過度な利益誘導、さらにはイラク戦争に打って出た単独行動主義（ユニラテラリズム）によって、公平と正義を重んじるアメリカの伝統を毀損《きそん》しました。

ブッシュは名門の出自にふさわしく、恵まれた上層階級としての道を歩みます。政財界のエリートを多数輩出する全寮制のフィリップス・アカデミー・アンドーバー校を卒業し、イェール大学に進学。最終的にはハーバード大学のビジネススクールでＭＢＡ（経営学修士号）を取得しました。

しかし、これらの学歴のみで、彼が頭脳明晰《めいせき》であるという証明にはなりません。アメリカの名門私立校の多くは、有名な卒業生の子弟（レガシー）や、莫大《ばくだい》な寄付金を期待できる裕福な者を入試で優遇する特別枠を設《もう》けています。

彼の場合、前者に該当《がいとう》しました。事実、学生時代のブッシュは勉学に励むことはあまりなく、酒に溺れる日々を送り、飲酒運転の逮捕歴さえあります。イェール大学卒業後、テキサス大学オースティン校のロースクールに入学を希望したものの、公立大学には特別枠がないために不合格となり、それでハーバード大学のビジネススクールに進学したのです。

その後は、父と親戚のコネを頼りに地元テキサス州で石油会社を設立し、企業経営者となります。そして、一九七七年に教員のローラ・ウェルチと結婚しました。

ローラとの出会いは、ブッシュの人生を一変させます。キリスト教メソジスト派の彼女は、規則正しい生活を重視する教義に則《のっと》った暮らしを送りました。家庭にあっては良妻賢母として振る舞い、地域にあっては熱心に社会奉仕活動に励んだのです。

さらに、同じくメソジスト派に身を置くようになったブッシュに禁酒を徹底させ、夫をアルコール依存症の克服へと導きました。

こうした強い信仰心によって得られた成功体験こそが、その後のブッシュの世界観や政治姿勢に色濃く反映されます。

歴史的接戦の末に大統領となる

一九九四年、ブッシュはテキサス州知事選挙に出馬し、〝影の大統領〟とのちに称されるカール・ローブを選挙参謀に迎えます。高校時代から選挙活動に没頭してきたローブは、民主党現職への徹底したネガティブ・キャンペーンによって、誰も予想し得なかった逆転勝利をブッシュにもたらします。

こうしてテキサス州知事に就任したブッシュは、施政刷新の大鉈《なた》を振るいます。予算の大幅な増額で教育水準の向上に着手したり、同州において当時史上最高額となる二十億ドルの大型減税に踏み切ったりしたのです。

ジョージ・ウォーカー・ブッシュ（1946〜）

他方、毎年六月十日を「イエスの日」と定め、政教分離の原則を犠牲にして教会の社会奉仕活動に公費助成を行いました。また、百五十二人もの死刑囚に躊躇《ちゅうちょ》なく刑を執行するなど、キリスト教右派としての姿勢を鮮明にします。

これらの行動は共和党保守派からの支持につながり、彼らの支援によって一九九八年の州知事選挙では、難なく再選を果たします。しかしブッシュは、より大きな政治的野心を抱《いだ》くようになっており、二〇〇〇年の大統領選に照準を合わせていたのです。その中で彼が訴えたのが、「思いやりのある保守主義」というスローガンで、参謀ローブの巧《たく》みな選挙戦術もあって、彼は共和党の候補指名を手にし、本選挙へと駒《こま》を進めます。

ところが、肝心の本選では一般投票総数で民主党のアルバート・ゴアに敗れ、辛《から》くも選挙人投票数で上回り勝利をつかみました。しかし、一般投票が四七・八七%と四八・三八%で〇・五%の差、選挙人投票が二百七十一票と二百六十六票で五票の僅差《きんさ》であったことから、ゴア陣営は異議を唱え、大接戦となったフロリダ州での手作業での再集計を連邦最高裁へ提訴します。

この結果、ブッシュ対ゴアの戦いはなかなか決着がつかず、世界は固唾《かたず》をのんでその行く末を見守りました。そして、多数を占める最高裁保守派の判事が再集計要求を退《しりぞ》けたことにより、最終的にブッシュの勝利が確定したのです。この大統領選挙の過程を踏まえれば、彼はまさしく「選挙制度が生んだ大統領」だったといえます。

アメリカが失ったもの

こうした経緯で大統領に就任したこともあり、当初ブッシュは父と同じように民主党にも配慮する政治を目指すと思われていました。ところが、その期待はすぐに裏切られます。二〇〇一年三月に地球温暖化防止のための「京都議定書」から突如《とつじょ》離脱を表明したほか、五月には一兆三千五百億ドルの超大型減税法案に署名し、国家財政を急速に悪化させたのです。

やがて同年九月十一日に、世界を震撼《しんかん》させる「アメリカ同時多発テロ事件」が起こります。ブッシュは直《ただ》ちに「テロとの戦い」を宣言し、翌十月には「米国愛国者法」（パトリオット・アクト）に署名して、国民に対する監視権限を強化します。同時に、政権内のネオコン（新保守主義者）に押され、イスラム原理主義勢力タリバンの掃討と、テロの首謀者であるウサマ・ビンラディンの拘束《こうそく》を大義に、アフガニスタンへ派兵しました。

さらに、同年末には「ならず者国家からアメリカを守るため」との名目で、軍縮を企図した「ABM（弾道弾迎撃ミサイル）制限条約」からの離脱をロシアに一方的に通告します。そして、二〇〇二年一月の一般教書演説では、イラン・イラク・北朝鮮を「悪の枢軸《すうじく》」と糾弾《きゅうだん》し、「テロとの戦いでは、先制攻撃は容認される」との強硬姿勢を示したのです。

こうした方針のもと、二〇〇三年三月には国連安全保障理事会の決議を得ることなく、有志連合の枠組みをもってイラク戦争に踏み切ります。つまり、自由主義世界のリーダーとしての多国間主義を重んじる姿勢に背を向け、単独行動主義に邁進《まいしん》したのです。

このイラク派兵の根拠は、サダム・フセイン政権が国際テロ組織をかくまい、秘密裏《ひみつり》に大量破壊兵器を開発しているという疑惑にありました。ところが、フセイン政権打倒後も、そうした証拠はついに確認されませんでした。

さらに、戦後には「アブグレイブ刑務所問題」が発覚します。米兵が捕虜《ほりょ》に対して倒錯《とうさく》的な性的虐待《ぎゃくたい》・暴行を含む激しい拷問《ごうもん》を行うとともに、イスラム教の聖典であるコーランを平然と冒瀆《ぼうとく》したのです。人権と自由主義を標榜《ひょうぼう》するアメリカによるこうした行為は、明白に国際法に違反するのみならず、自らのモラルリーダーシップを大きく失墜《しっつい》させました。

こうして人気を落としたブッシュは、辛《かろ》うじて二〇〇四年の大統領選挙で再選されたものの、翌年のハリケーン・カトリーナへの対応の遅れで大きくつまずき、急速に求心力を失います。その結果、政権末期の〇八年には、不支持率が七六%にも達しました。また、同時期にはのちのリーマン・ショックの導火線となるサブプライムローン問題も浮上しています。

このようにブッシュはいくつもの失政を重ね、自らのレガシーに汚点を残しました。そのうえで彼の最大の過《あやま》ちは、ファウンディング・ファーザーズ（建国の父たち）が希求した崇高《すうこう》な理想を蔑《ないがし》ろにしたことではないでしょうか。すなわち、「人類が専制や隷従《れいじゅう》の恐怖から解放される民主主義の社会を世界に築く」という理想に背を向けたことです。

先人らの努力と犠牲の末に、世界一の超大国に上り詰めたアメリカは、その理想を忘れ、自らの狭い国益の追求に専念する〝凡庸《ぼんよう》な大国〟へと変容しました。言い換えれば、「開かれた自己利益」を重んじたかつてのアメリカの輝きは、ブッシュの時代に一気にその明るさを減じたのです。

今から思えば、これはドナルド・トランプ第四十五代大統領の出現につながるアメリカ政治史の一つの転換点だったのかもしれません。

44 「チェンジ」の旗を掲げてアメリカの威信回復に努めたバラク・オバマ

ユニークな経歴

第四十四代大統領バラク・フセイン・オバマ二世は、ジョージ・ウォーカー・ブッシュ前大統領がもたらした対外的な禍根《かこん》の払拭《ふっしょく》に努めた指導者です。前政権との明白な訣別《けつべつ》を示すために「change」（変革）の旗を掲《かか》げ、国際社会の信頼回復にくわえ、世界経済危機の克服にも尽力し、アメリカの威信回復に努めました。

その名前が如実《にょじつ》に示すとおり、オバマは歴代大統領に例を見ないほど、ユニークな経歴を持つ人物です。そのため、多くの「アメリカ史上初」を冠して語られる大統領でもあります。まず、アメリカ史上初のハワイ州（ホノルル）出身の大統領です。実父はケニアからの黒人留学生、母はカンザス州出身の白人で、こうした「ハーフ」の大統領も史上初めてのことです。

なお、両親はオバマが三歳の時に離婚し、その後、母がインドネシア人と再婚したことから、同国の首都ジャカルタへ移住し、十歳まで同地で過ごします。ここまで国際色豊かな大統領も前例がありません。その後、母方の祖父母と同居するためハワイへ戻り、地域を代表するエリート高校として名高いプナホウ・スクールへ入学し、青春時代を人種的多様性に富むホノルルで過ごしました。なお、高校ではバスケットボール部に所属していたので、大統領就任後もよくコート上でシュートをする姿が見られました。

バラク・オバマ（1961～）

高校卒業後は、南カリフォルニアにある小さな私大（リベラルアーツ・カレッジ）のオクシデンタル大学へ入学したものの、二年でニューヨークのコロンビア大学に編入。卒業後はハーバード大学のロースクール（法科大学院）へ進学しました。そして、在学中に著名な法律学術誌『ハーバード・ロー・レビュー』の編集長を務めたことで、その名が全米中に知れ渡ります。

こうして新世代の黒人リーダーとして注目されるようになったオバマは、シカゴ大学（イリノイ州）で憲法学の講師を務め、空いた時間は、地元の黒人コミュニティーを支援する人権派弁護士としてボランティアに従事しました。

やがて、一九九六年に周囲に推《お》されてイリノイ州議会の上院議員選挙に出馬し、政界入りを果たします。二年後の再選を経《へ》て、二〇〇〇年には連邦下院議員選挙に挑みますが、対立候補の「黒人らしくない」というネガティブキャンペーンにさらされ、落選の憂《う》き目に遭《あ》います。

事実、目をつむってオバマの話し方に耳を傾けると、彼の英語は、教養ある白人が話す典型的な英語だとわかります。

「私たちはできる」

しかし、オバマの黒人らしくないといわれた要素、すなわち、教養と専門性に裏打ちされた豊富な語彙《ごい》力や洗練された演説態度が、彼を政界の中心へと押し上げていきます。折しも市民の多くは、イラク戦争に前のめりになるブッシュ政権の強権的手法や、相次ぐ共和党議員の不祥事に閉口していました。

こうした中、イリノイ州の連邦上院議員選挙（二〇〇四年）が行われ、民主党から出馬したオバマは、大方の予想に反して圧勝します。そして、同年の民主党大会では、「イラク戦争に賛成の者も反対の者も、ともにアメリカに忠誠を誓う愛国者だ」「保守のアメリカも、リベラルのアメリカもない。ただ、アメリカ合衆国があるのみだ」との基調演説を行ったことで、一躍民主党の新星として脚光を浴びたのです。

その結果、二〇〇八年の大統領選挙では、連邦議会議員を一期しか務めていないオバマが、有力な大統領候補と見なされるようになりました。彼はこの機を逃さず、変革を希求する聴衆に対して「Yes, we can!」（そうだ、私たちはできる）と呼びかけます。この簡潔で力強い言葉は、「change」と並んで彼のキャッチフレーズとなり、アバンギャルド（前衛的）な選挙ポスターと並んで、新時代のリーダーとしてのイメージを形成する大きな原動力になりました。

また、自信に満ちた態度が与える安心感から、穏健《おんけん》な保守派の支持も得たオバマは、史上初の黒人の大統領としてアメリカ史にその名を刻んだのです。

変革の風が強すぎたために

こうして歴史を塗り替えたオバマでしたが、就任直後から難題と対峙《たいじ》することになります。前政権下の二〇〇八年九月、「サブプライムローン」（低所得者向け住宅融資）問題を引き金にリーマン・ブラザーズ・ホールディングスが経営破綻《はたん》し、世界規模の金融危機――日本でいう「リーマン・ショック」――が起きたのです。

連鎖的な世界経済危機を前に、オバマは速《すみ》やかに「アメリカ再生・再投資法」（ARRA法）を成立させ、総額七千九百億ドルの積極的な財政出動を行います。具体的には低所得者の住宅ローン借り換えを支援したほか、製造業で史上最大規模の倒産危機にあったゼネラル・モーターズ（GM）社を一時国有化することで、膨大な連鎖倒産を防ぎ、不況が大恐慌になるのを阻止したのです。

一方、福祉施策では、社会的に弱い立場にある市民・労働者を包摂《ほうせつ》すべく、「ペイシェント・プロテクション・アンド・アフォーダブルケア法」（ACA法）を成立させ、国民皆保険制度実現に向けた医療制度改革を推進します。アメリカを大々的に作り変えるこの改革は、「オバマ・ケア」と称され、リベラル・保守の政治思想にそって賛否両論を招きました。

差別解消の分野では、性的少数者（LGBTQなど）の権利擁護《ようご》を重視し、現職大統領では初めて同性婚の支持を表明しています。これが弾《はず》みとなり、連邦最高裁判所における「結婚防衛法」（結婚を男女間に限ること）の違憲判決につながりました。

また、対外関係では前政権の単独行動主義から、各国政府との信頼関係を醸成《じょうせい》する協調路線へと舵を切りました。たとえば、隣国キューバとの関係では、カナダ政府とローマ教皇の仲介を得て秘密裏《ひみつり》に外交交渉を展開し、歴史的な接近をします。一九六二年の「キューバ危機」（全面核戦争の脅威）以来、実に半世紀ぶりの雪解けとなったのです。

さらに、地球温暖化対策では、大企業に二酸化炭素排出量の排出枠を定め、その取引を促《うなが》す「キャップ・アンド・トレード方式」を導入します。そして、この実績を掲げて二〇一五年十一月に開かれた第二十一回「気候変動枠組条約締約国会議」（COP21）に参加し、百九十六カ国による「パリ協定」が採択されました。これにより、前政権が京都議定書離脱で失った国際社会の信頼を回復させることに成功しました。

東アジア方面では、急速に台頭する中国を念頭に、外交の軸足を中東からアジア太平洋地域（インド太平洋地域）へ移す「アジア・ピボット」（アジアへの旋回《せんかい》）を推進します。当然、日米同盟も深化し、日米安保条約第五条（米軍の対日防衛義務）の対象に、尖閣《せんかく》諸島が含まれることをアメリカ大統領として初めて明言したのです。

また、二〇一六年五月の伊勢志摩《いせしま》サミット（第四十二回先進国首脳会議）出席後に、現職大統領で初めて「広島平和記念公園」を訪問し、原爆犠牲者の慰霊碑《いれいひ》に献花しました。その際、「人類が悪を犯すのは根絶できないかもしれない。それでもアメリカをはじめとする核保有国は、核兵器のない平和な世界を希求しなければならない」と崇高《すうこう》な理想を掲げる演説を行い、国内外の聴衆の胸を打ちました。

このように、世界的な危機の時代に彗星《すいせい》のごとく現れたオバマは、あまたの変革の「風」を吹かせたのです。しかし、こうした「風」は多くの実績を残した半面、社会にもたらした変化が大きかったために反動も生じました。たとえば同性婚の容認など、リベラルな価値観を礎《いしずえ》とする変革に畏怖《いふ》の念を抱《いだ》く保守層は、「自分たちのアメリカ」を取り戻そうと躍起《やっき》となります。

これが、のちのドナルド・トランプ（第四十五代大統領）政権誕生の遠因になりました。また、シリアによる化学兵器の使用や、ロシアのクリミアへの侵略・併合の際には弱腰な姿勢に終始した結果、アメリカの威光は減衰《げんすい》し、中国とロシアが「パクス・アメリカーナ」（アメリカによる世界の平和）に挑戦する契機になったともいえます。

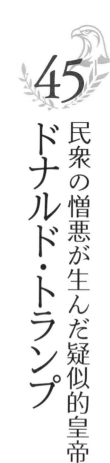

45 民衆の憎悪が生んだ疑似的皇帝 ドナルド・トランプ

何不自由ない幼少期の生活

第四十五代大統領ドナルド・ジョン・トランプは、経済的苦境にある人々の社会への憎悪《ぞうお》を煽動《せんどう》し、アメリカ人を分断させて、権力獲得の力へと変えた前代未聞の指導者です。また、民主主義を蔑《ないがし》ろにして、疑似的な皇帝となって君臨せんとしました。その醜悪《しゅうあく》さは、パン（生活の糧《かて》）とサーカス（娯楽）で民衆を籠絡《ろうらく》した、かつてのローマ皇帝に酷似《こくじ》しています。

トランプの生まれは、ニューヨーク市のクイーンズ区という移民が半数を占める民族的多様性に富んだ地域です。父は地域の不動産デベロッパー（開発業者）として財を成し、トランプも何不自由なく成長しました。

一九七〇年代前半に、父の事業を継承・拡大したトランプは、商業ビル開発のほかホテルやカジノの経営に乗り出します。その経営手法は自己顕示欲に満ちていて、所有物件すべてに「トランプ」の名を冠し、ブランドとして確立したうえで、メディアには「billionaire」（億万長者）あるいは「不動産王」として大きく報じられるよう奔走《ほんそう》しました。

「持たざる者」たちの支持を得る

そんなトランプでしたが、一九九〇年代に入ると長年の放漫経営がたたり、またアメリカ経済の不景気も相まって、傘下《さんか》企業の倒産や所有不動産の売却を余儀《よぎ》なくされます。こうした苦境打開のために、彼は二つの場で自身を宣伝しようとします。

一つは、「政治」です。一九九九年に改革党に入党し、富裕層への高額課税や国民皆保険制度の実現のほか、性的マイノリティーの権利擁護《ようご》も訴え、正真正銘のリベラルを装《よそお》って自らを売り込みました。しかし、泡沫《ほうまつ》政党の悲哀からほどなく撤退。以降は、民主・共和両党に多額の政治献金を続けながら野心を抱《いだ》き続けます。

もう一つは、「テレビ」です。二〇〇四年ごろに大手ＮＢＣの *The Apprentice*（見習い）という番組に出演し、知名度を一気に高めます。特に、番組内でトランプの部下としての採用を目指すアプレンティスに「You're fired!」（あなたはクビだ）と宣告する瞬間が視聴者を熱狂させました。

　ちなみに、トランプをビジネスマンと見なしている人が大勢いるようですが、彼が手掛けたビジネスの多くは倒産し、彼の主な収入源はテレビ出演料と自らの名前の使用権というのが真相です。

ドナルド・トランプ（1946～）

　当時のアメリカ社会は、*The Apprentice* のような低俗な番組が流行したことに象徴されるように、経済的苦境にある人々の鬱憤《うっぷん》が静かなマグマのように滞留していました。そして、そのマグマが噴出したのが、二〇〇八年の金融危機（リーマン・ショック）です。

　大恐慌以来の金融危機は、低教育・低所得層の暮らしを直撃します。多くの人が職を失うとともに、アメリカン・ドリームの象徴であるマイホームを手放さざるを得なくなりました。

当時、バラク・オバマ第四十四代大統領は、経済を救うべく矢継ぎ早に財政出動を行いましたが、低所得者層の境遇はなかなか改善されず、逆にエスタブリッシュメント（既得権益層）との格差が広がりました。当然、「持たざる者」たちは強烈な不公平感を味わい、エリートに対して憤慨したのです。

こうした状況下で、二〇一六年の大統領選挙戦の火ぶたが切られます。すると、低所得者層は、エスタブリッシュメントの申し子である民主党のヒラリー・クリントン候補の登場に危機感を募《つの》らせました。史上初の黒人大統領の後に、史上初の女性大統領と続けば、それこそ「自分が知っているアメリカが永遠に失われる」と、急激な変化に恐怖したのです。

また、民主党と対峙《たいじ》する共和党も、リベラルなアメリカへの傾斜を忌避《きひ》し、政権奪還のために従来の党風や理念に固執しませんでした。こうした間隙《かんげき》を巧《たく》みに突いたのがトランプでした。

メディアを知り尽くしている彼は、突拍子《とっぴょうし》もない発言を繰り返し、マスコミに大きく取り上げてもらうよう腐心します。こうして候補者として、有権者に無料でメッセージを届ける手段を得たのです。その中で彼は、民主党への徹底的なネガティブ・キャンペーンを展開したほか、「Make America Great Again!（MAGA）」（再び偉大なアメリカに）のスローガンを連呼して、反エスタブリッシュメント層への政治的求心力を高めました。

もちろん、それでもトランプの勝利を予見した人はわずかでした。ところが、普段投票などしなかった彼の支持者らは、「ワシントンをぶっ壊す」との憤怒《ふんぬ》から、こぞってトランプに一票を投じます。その結果、本人すら〝まさか〟と思ったトランプ大統領の誕生につながったのです。

クリントンは、一般投票数で約二百九十万票もトランプを上回ったものの、肝心の選挙人投票（三百四対二百二十七）で及びませんでした。なお、一般投票で負けた候補が大統領に就任した例は、大統領選史上わずか五回しかありません。

アメリカを分断させ、輝きを消したトランプ

トランプの勝利が決まった瞬間、私はアメリカの将来を案じて涙しました。そして、このときの大きな不安は的中してしまいます。

トランプはアメリカの分断を政治力の源泉とし、アメリカの国力を漸減《ぜんげん》させるとともに、その輝きをも喪失《そうしつ》させました。さらに、アメリカの理念である「啓蒙《けいもう》された自己利益」を葬《ほうむ》り、多様性に富む社会を追求する実験国家の〝試み〟を停止させようともしました。

彼は就任からわずか百日で、史上最多となる三十二本の大統領令を発し、まるで皇帝である

かのように振る舞い、連邦議会を軽視しました。まず、支持者の歓心を買うため、また自己の名声を高めるために、移民を排撃したり、WHO（世界保健機関）や「パリ協定」（気候変動抑制の協定）から脱退・離脱するための手続きを開始したりしました。この間、支持者に対して何百回と虚偽の情報を流し、あろうことか自らがフェイクニュースの発信源となったのです。

そのトランプが特に躍起《やっき》となったのが、オバマ政権時代のレガシー（遺産）をつぶしていくことでした。たとえば「オバマ・ケア」（医療保険制度改革）の廃止や、TPP協定（環太平洋経済連携協定）、イラン核合意（JCPOA）、INF条約（中距離核戦力全廃条約）、NAFTA（北米自由貿易協定）からの離脱・不履行《りこう》、あるいは再交渉を目指しました。

他方、国内においては、民主党をはじめとする人々を公然と「アメリカの敵」と中傷し、アメリカ人同士の憎悪を煽《あお》りました。また、コロナ禍《か》を軽視し、マスクを着用する人を揶揄《やゆ》するなど稚拙《ちせつ》な態度を見せたうえ、「消毒液の注射をすれば治る」と、科学的根拠のない発言をしたのです。皮肉にも彼自身がコロナに感染した際は、消毒液注射ではなく、最先端の治療が施《ほどこ》されました。

戦後の大統領として史上最低の平均支持率――一度も過半数を超えず――を記録したトランプは、ジョー・バイデン（第四十六代大統領）に再選を阻止されます。しかしトランプは敗北を認めず、「不正選挙」を主張し、マイク・ペンス副大統領に働きかけるなど選挙を無効にするよう圧力も加えました。

挙げ句の果てには、支持者にＳＮＳ（ソーシャルネットワーキングサービス）を通じて抗議集会の開催を呼びかけ、参加者に連邦議会に乗り込むよう訴えました。これは紛《まぎ》れもなく大統領による民主主義に対する冒瀆《ぼうとく》と挑戦であり、常軌《じょうき》を逸《いっ》した行動といわざるを得ません。連邦議会を襲撃した暴徒と、警察官に死者が出たものの、騒乱は鎮圧され、トランプも渋々ホワイトハウスから去りました。現在では、バイデン勝利の選挙結果を覆《くつがえ》そうとするこの事件の背後に、多くのトランプ関係者が関与していたことが明らかになっています。これによりアメリカのモラルリーダーシップは、計り知れないほどの損失を被《こうむ》りました。

トランプによる一連の行動の過程によって、エイブラハム・リンカーンを輩出した共和党が変節し、寛容さのない内向きの政党へと変わってしまったことがよくわかります。国家の将来を憂《うれ》える人が多くいる中、アメリカが持ち前の復元力で明るい社会を取り戻し、自由主義世界を牽引《けんいん》する気概を復活させられるのか、予断を許しません。

露呈した民主主義のもろさ

家庭であれ、社会であれ、国際関係であれ、一度破壊された関係を元どおりに修復するのは容易ではありません。実際、トランプがまいた悪しき種は、今後もアメリカ社会を長く苦しめるでしょう。

たとえば、連邦最高裁の判事です。これまで何度か最高裁の重要性について言及してきました。王政ではないアメリカでは、最高裁判事らが超党派的な存在として権威を持つことが期待されています。つまり、政治家が党利党略に走った場合、それを阻止して国家の尊厳を守るのが、最高裁に求められる役割なのです。

その最高裁は、首席判事（一人）と陪席《ばいせき》判事（八人）で構成され、三権分立に従って大統領（行政府）が任命し、上院（立法府）が承認します。判事の任期は終身で、弾劾《だんがい》裁判にかけられるか、死去するか、自ら引退しない限り地位は保障されます。したがって、最高裁判事は司法府の頂点として強大な権力を持つだけでなく、アメリカ社会を形成していくうえで、長期にわたって影響力を行使できるのです。

トランプは、この最高裁判事を在任中に三人も任命しました。その結果、彼が退任した後も保守イデオロギーは残存し、米社会における分断の溝《みぞ》は深まるばかりです。

それゆえ、日本の皆さんには、トランプの存在を「他山《たざん》の石」としてもらいたいと思います。思うに、トランプが私たちに教えてくれたのは、「民主主義の脆《もろ》さ」ではないでしょうか。市民が正しい情報をもとに「責任ある一票」を行使しなければ、いともたやすく愚かな指導者が誕生してしまうのです。だからこそ、民主主義の存在を当たり前と思わず、選挙の投票を通じて、より成熟した民主主義を目指す必要があると強く感じるのです。

46
パクス・アメリカーナの未来が託された ジョー・バイデン

悲劇を乗り越えた政治家

二〇二二年二月二十四日は、世界を震撼《しんかん》させるとともに、二十一世紀史に刻まれる悲しい日となりました。ロシアがウクライナに侵攻し、ヨーロッパの平和を瞬時に崩壊させたのです。

この自由主義対専制主義の戦いの鍵を握るのが、第四十六代大統領ジョセフ・ロビネット・バイデン・ジュニア（ジョー・バイデン）です。彼の行動次第で、パクス・アメリカーナ（アメリカによる世界の平和）の存亡が決するといっても過言ではありません。

バイデンは、アイルランド系カトリックの家庭に生を受けます。父はペンシルベニア州で複数の事業を営む事業家でした。ところが、バイデンが生まれたころに事業でつまずき、母方の祖父母宅に身を寄せるなど、不遇な幼少期を過ごします。その後、父がデラウェア州で再起したのに伴い、一家で同州ニューキャッスル郡ウィルミントンへと移住しました。

　新しい土地に移ったバイデンは、地元のカトリック系私立高校に通い、アメリカン・フットボールに夢中になります。在学中、学業こそ振るわなかったものの、幼少期から悩まされていた吃音《きつおん》症を克服し、やがてデラウェア大学を卒業します。その後、ニューヨーク州の私立シラキュース大学ロースクール（法科大学院）に進学し、弁護士資格を取得しました。

ジョー・バイデン（1942〜）

　そんなバイデンの政治家デビューは、一九七〇年にさかのぼります。この年のニューキャッスル郡議会議員選挙に民主党から出馬し、見事に当選。七二年十一月には連邦上院議員選挙へ出馬し、現職を破る逆転勝利を手にします。これはアメリカ建国以来、五番目の若さでの当選でした。

ちなみに、デラウェア州は全米で二番目に小さな州（千葉県と同程度）のため、バイデンは選挙区内をくまなく歩くことができました。そうして頻繁《ひんぱん》に有権者と膝詰《ひざづ》めの対話を行った結果、不利な形勢を覆《くつがえ》したといわれています。

しかし、喜びもつかの間、当選の翌月に人生最大の悲劇がバイデンを襲います。家族が車でクリスマスの買い物に出かけた際、トレーラーに追突されたのです。バイデンは乗っていなかったため難を逃れましたが、妻と長女が死亡、長男と次男も瀕死《ひんし》の重傷を負います。バイデンは息子たちの看病のために政界引退を決意しますが、民主党重鎮らの熱心な慰留《いりゅう》によって議員活動を続けたのです。

以降バイデンは、仕事と子育ての両立に励みます。多くの議員が議会開会中は首都ワシントンに居を構える中、彼は往復三時間の電車通勤を続けました。

ブルーカラーが共鳴する人柄

バイデンはその後も当選を重ね、上院議員としての政治歴は三十六年に及びました。この間、上院の司法委員会や外交委員会などで野党代表を務め、民主党重鎮議員としての存在を確立していきます。

政治実績も豊富で、中道穏健《おんけん》派の立場で女性の権利向上や南アフリカのアパルトヘイト（人種隔離）問題の解決に努めるなど、外交・人権・福祉など多方面に活躍しました。

その功績が認められ、バラク・オバマ（第四十四代大統領）政権で副大統領に迎えられます。黒人大統領就任という大きな変化を中和するため、「庶民に通じた白人男性が必要」との思惑からの指名でしたが、この選択は市民に歓迎されます。若い時から苦労を重ね、家族を失う悲哀を味わいながらも社会の発展に尽くす姿勢が、ブルーカラー（労働者層）と共鳴したのです。

オバマ政権では、若き黒人大統領を支える「老練な白人政治家」として才能を発揮。特にイラク戦争（二〇〇三〜一一年）の終結では中心的な役割を果たし、同国を三十回近く訪問しました。なお、この功績から文民最高位の「大統領自由勲章」を贈られています。

そして、迎えた二〇二〇年の大統領選挙。バイデンは、ドナルド・トランプ（第四十五代大統領）による政治の悪弊《あくへい》に憤《いきどお》る市民や民主党議員らに背中を押されて出馬を決意し、見事に現職大統領を打ち破ります。

かくして政権を民主党に取り戻したバイデンでしたが、トランプ政治によって分断が進み、コロナ禍《か》にもあえぐアメリカを率《ひき》いることは、極めて困難な仕事といえます。それでも前政権の政策を転換すべく、「パリ協定」へ復帰したり、アメリカとカナダを結ぶ天然ガスと原油のパイプライン「キーストーンXL」の事業を凍結させたりしました。

さらに、四十人のリベラルな連邦判事も指名します。その内訳はアフリカ・イスラム系など非白人が六五%、女性が七四%という異例の構成でした。くわえて、「米国救済計画法案」を成立させて総額一・九兆ドル（約二百二十兆円）の財政出動に踏み切り、コロナ禍からの経済回復を目指しています。

こうして矢継ぎ早に手を打ってきたバイデンですが、ウクライナ危機ではロシアとの全面衝突を嫌い、当初から「地上軍を派遣しない」と宣言するなど、消極的な姿勢が目立ちます。早い段階でこのように言い切ったことで、ロシア側の侵攻へのハードルが低くなったのはいうまでもありません。

副大統領時代、イラクへの追加派兵をめぐってオバマと意見対立したように、バイデンは非介入主義者であり、「内向きなアメリカ」を標榜《ひょうぼう》しています。アントニー・ブリンケン国務長官もこうした考えを共有しているため、ロシアの武力による現状変更を阻止する大胆な介入は考えにくいのが現状です。それを踏まえれば、ロシアのウラジーミル・プーチン大統領は、すでに勝利したとの見方もできます。

「意味をなす国家」としての日本

それでは、ウクライナ危機を踏まえたうえで、これからの世界はどこへ向かうのか。私は二つのシナリオを想定しています。

一つは、応仁《おうにん》の乱（一四六七年）後の日本のように、室町幕府（アメリカ）や将軍補佐の管領《かんれい》ら（G7やEU）の影響力が低下し、群雄割拠《かっきょ》する戦国時代の到来です。もう一つは、かつての「ウィーン体制」のように超大国が不在の中、大国同士が連携しつつ、世界の平和と安定に努める時代です。

ウィーン体制とは、一八一五年のナポレオン戦争終結後、欧州各国が「神聖同盟」や「五国同盟」など、いくつかの外交・軍事機構を束《たば》ねて築いた国際秩序です。比較的長期の安定をヨーロッパにもたらしたとされています。

これらの歴史に鑑《かんが》みると、二十一世紀版の国際協調体制を同様に構築できるのであれば、自由主義、民主主義の終焉《しゅうえん》は回避できます。しかし重要なのは、この枠組みに日本が積極的に関与し、中心的な役割を果たしていくことです。そのためには、外交・安全保障上のリアリズムを覚醒《かくせい》させる必要があります。

今回のウクライナ危機では、北欧諸国のみならず、ドイツやスイスまでもが伝統的な外交姿勢を転換し、きたるべき混沌の時代に備えようとしています。日本も同様に、ヨーロッパでの戦争を人ごとにせず、中ロが接近する中で「明日は東アジアかもしれない」との危機感を持って、「安全保障アイデンティティー」を改める契機にすべきではないでしょうか。

ウクライナ国民の戦う姿が明白に示すものは、国防は自らの責任であるという厳しい現実です。実際、「ブダペスト覚書」（一九九四年）があるにもかかわらず、アメリカは本腰を入れてウクライナを守る姿勢にはまだ転じていません。

もちろん、「だから今すぐ戦争に備えるべき」といった極端な話ではありません。そもそも日本には、「日米安全保障条約」が存在します。しかし、日米安保条約に一方的に頼りすぎていることが、かえって日本の国防意識を脆弱《ぜいじゃく》にしている側面は否定できないと思います。

万事に一歩対応が遅い日本。コロナ禍でも、あるいはウクライナ支援でも、受動的な行動が目につきます。国際秩序が揺らぐ中で、果たして日本はこうした姿勢で国益を担保できるのか。日本が国際社会において「意味をなす国家」としてプレゼンス（存在感）を発揮すべく、能動的なメンタリティーを持つべき時が到来しているのではと強く感じます。

エピローグ

フレンド（友人）からブラザー（きょうだい）へ

いま再び「試練」のとき

二〇二二年六月二十四日、アメリカ連邦最高裁は、「ロー対ウェード判決」（一九七三年）を覆《くつがえ》す判決を下しました。過去四十九年間にわたって護り続けた「人工妊娠中絶は合衆国憲法が認める女性の権利である」との先例を、自ら破棄したのです。

背景には、ドナルド・トランプ（第四十五代大統領）政権下で放たれた分断と怨嗟《えんさ》が大きく影響しています。

大統領選の野心に駆られたトランプは、働く貧困層やキリスト教右派（イヴァンジェリカル）など、社会に憤懣《ふんまん》を抱《いだ》く人々の「変化を恐れる心」につけこみ、大統領の座を手にしました。

そして就任後は、彼らの歓心を買うべく、アメリカの「司法」そのものを変質させようと尽力したのです。

本書で幾度か述べたように、「君主」を持たないアメリカでは、元首的な権威や法による統治の象徴は、最高裁が担うべきものとの社会的な合意があります。その最高裁は九名の判事で構成され、任期は終身です。判事が死去するか、自らの意思で辞任した場合のみ、後任が選ばれます。選任は、三権分立の観点から、大統領が後任判事を指名し、議会がこれを任命する形を取ります。

最高裁の判決は、九名の判事の多数決で決定されるため、保守派とリベラル派は、判事の構成比率をどう自陣営有利に運ぶかが、かねてよりの関心事でした。中でも、キリスト教右派らには、「神の意志に背く」中絶禁止の実現が長年の悲願でもあったのです。トランプは、こうした背景のもとで権謀《けんぼう》術数を弄し、保守派判事三名の指名に成功しました。現在では九人中、実に六人までもが保守派となっています。

そのうえで、この最高裁判決は、「中絶」の是非を各州の州法に委《ゆだ》ねるとしています。このため、テキサス州ほか、すでに中絶規制（制限）がなされている州では、公的に中絶が禁止されます。将来的には全米の約半数の州で中絶禁止の法規制がなされると見なされています。

問題は、この最高裁判決が、特に社会的に弱い立場にある女性を、一層苦境に追いやる点です。

中絶を法規制する州では、性犯罪被害による中絶すら認めない州が少なくありません。また、中絶を望む女性に「厳罰主義」で臨む州も少なくないのです。

先のテキサス州では、中絶処置を行った医療機関を、住民が告訴できる仕組みをすでに導入しています。また、テキサス州に倣《なら》ったオクラホマ州では、中絶を「重罪」とし、最長十年の禁錮刑を科す方向で動き出しています。

このため、これらの地域で暮らし、望まぬ妊娠に直面してしまった女性たちは、中絶を容認する遠方の州での入院を余儀《よぎ》なくされることになります。仮に中絶費用を負担することができればまだ救いがありますが、経済的苦境にある女性や、身近な家族に事情を打ち明けられない女性は、違法で危険な中絶手段に頼らざるを得ないのです。

当然、リベラル派は猛反発しています。最強硬派のクラレンス・トーマス判事が、中絶のみならず、同性婚禁止に積極的であることから、ＬＧＢＴＱ等の性的少数者ほかマイノリティー（社会的少数派）の人々が、強き憂慮《ゆうりょ》の声を上げています。

こうした世論を受け、すでにジョー・バイデン大統領も「露骨な政治権力の行使だ」「最高裁は共和党過激派と連携している」などと批判し、七月八日には、人工妊娠中絶の権利を擁護《ようご》する大統領令に署名しました。中絶関連の緊急医療アクセスや、各種医薬品を入手しやすくするよう、行政当局に指示したのです。

ただし、本来こうした権限は州政府が持ちます。また大統領令自体が、共和党が多数を占める連邦議会や、最高裁によって禁止、または無効の決定ができるため、どこまで威力を発揮し得るかは不透明です。当然、次の大統領選挙で共和党が勝利すれば、バイデンの大統領令はすぐに撤廃されるのは明白です。

ともに試練を乗り越えてこそ

よって当事者女性やその家族が被《こうむ》る負の影響は、将来にわたって計り知れないものがあります。何より深刻なのは、アメリカ社会の混乱によって米国のプレステージ（威信）が大きく揺らぎ、国際情勢にも影響を及ぼしかねない点です。

目下、国際社会は、地球規模のパンデミックが収まらない中でロシアによるウクライナ侵攻が勃発《ぼっぱつ》し、国際社会は混沌の渦《うず》に巻き込まれています。従来であれば、アメリカを中心とする国際社会が、迅速に解決できたはずですが、今のところ膠着《こうちゃく》状態に陥《おちい》りつつあります。その意味では、アメリカも世界も、民主主義の「正念場」に立っているといえるでしょう。

それでも私は悲観していません。プロローグで述べたように、現下の諸問題も、いずれはきっと克服されると信じているためです。歴史学の視点に立って俯瞰《ふかん》すれば、これら諸問題も、アメリカが変化するための過程だと理解できます。白人国家であったアメリカが、人種の坩堝《るつぼ》と称される多民族国家になる過程では、公民権運動はじめ多種多様な通過点がありました。今回の諸問題も、同様の通過点なのです。

いずれにしても、アメリカ、そして世界全体が、歴史的転換点に立っていることは否定できません。こうした不安定な時代だからこそ、日本は奮起してより能動的な姿勢を示す必要があります。

一九五二年に国際社会への復帰を果たして以来、日本はアメリカと手を携《たずさ》え、アジア、そして世界の安定と発展に尽力してきました。両国パートナーシップの重要性は、戦後七十七年を迎えた今では、かつてよりもはるかに大きな意味を持つようになりました。中国・ロシアという既存の国際秩序に対する明白な挑戦者が存在するからです。

第二次大戦後、日本と同じくアメリカ側に軌道を移して歩み始めた国に、英連邦オーストラリアがあります。未曽有《みぞう》の大戦で欧州人口が激減し、英国からの支援も受けられなかったため、オーストラリアは世界中から移民を受け入れる多文化主義へ舵を切りました。そしてアメリカのために、三度の戦争（朝鮮戦争・ベトナム戦争・イラク戦争）に参加し、血を流しました。また、どの戦争でも多くの難民を受け入れています。このような血のにじむ奮闘ののちに、アメリカの良きフレンド（友人）からブラザー（きょうだい）へと変容したのです。

アメリカの盛衰《せいすい》が、日本の存亡と密接に関わっていることは多くの方がご存じのことと思います。

本書は、アメリカに関心のなかった人でも、アメリカへの理解を深め、それぞれの立場で「今何をなすべきか」を真剣に考えてほしいとの思いで書きました。いずれ日本もアメリカの〝ブラザー〟となり、世界をより良い方向に導くための強力かつ不可欠な存在となることを念願し、筆を置きます。

あとがき

ドナルド・トランプ大統領の当選は、筆者にとって大きな衝撃であった。なぜなら、アメリカの有権者の多くが良識を有し、国家の将来を見据《す》えて自由主義世界を力強く牽引《けんいん》する責任あるリーダーをきっと選ぶに違いないと考えていたからである。しかし、そうはならならず、トランプが勝利した。とはいえ、大多数の有権者が民主党の候補であったヒラリー・クリントンに票を投じた結果、彼女の一般投票の獲得数は実に二百九十万票程度もトランプを上回ったであろう。この驚異的な差ならば、大抵どの民主主義国家でもクリントンは間違いなく勝者になった。だが、アメリカの選挙を決するのはあくまでも選挙人票であり、ここでトランプは三〇四対二二七とクリントンに圧勝した。ここまで死票が多い選挙はアメリカ史において前代未聞の出来事であり、それゆえ二〇一六年の選挙は、到底民意を反映したものであったとは言い切れず、単にアメリカの選挙制度が導き出した民主主義を毀損《きそん》させる結果となった。ともあれ、こうしてトランプは、アメリカ合衆国第四十五代大統領に就任したのである。

アメリカと世界への悪影響を憂《うれ》い、筆者は大きな不安に駆られた。「欺瞞《ぎまん》の大統領」トランプは、どう考えても国益よりも自己利益を優先させると考えたからである。くわえて、彼は誠実さと責任感の双方も欠けるがゆえに、彼が率《ひき》いることになる次の四年間はアメリカにとって国家的な災《わざわ》いとしか思えなかった。つまり、トランプ大統領によってアメリカの伝統である「啓蒙《けいもう》された自己利益」の理念と「モラルリーダーシップ」は失われ、これによって輝きを失ったアメリカが国家としての衰退局面を迎えることになると憂慮《ゆうりょ》したのだ。

アメリカが抱《かか》える深刻な政治分断、そしてトランプが煽動《せんどう》した二〇二〇年一月六日のクーデター未遂事件などを経《へ》て、私の懸念は確信へと変わった。かつてのローマ帝国はもとより、パクス(平和)を築いた国家は、その衰退《すいたい》期において凡庸《ぼんよう》なリーダーを輩出することが、当然覇権交代を惹起《じゃっき》する要因ともなる。国民をまとめられない指導者は必然的に国内問題への対応で消耗するため、国家はより内向きとなり、その結果、同盟関係の維持などの対外問題への関与も自《おの》ずと疎《おろそ》かになる。残念ながらアメリカはすでにこうした悪循環に陥《おちい》っており、現在のポピュリズム旋風《せんぷう》が吹く中において、いずれまたトランプのような無責任なリーダーが誕生するのは不可避であろう。

こうした問題意識を念頭に置きつつ、トランプの異質ぶりを浮かび上がらせるためには、筆者はアメリカがここまで辿《たど》ってきた道を歴代大統領の視点から考察する必要があると考えた。このテーマでの連載企画について第三文明社の大島光明社長に相談させていただいたところ、即座に快諾《かいだく》してくださった。その約五年二カ月に及んだ毎月の『第三文明』の連載をさらに加筆修正し、一冊にまとめて刊行したのが本書だが、多くの読者の手に取っていただける機会を与えられたことに、ひときわ大きな幸せを得ることができた。そのため、大島社長には心より感謝する。

当然、書物の上梓には多くの人が携《たずさ》わって初めて可能となる。そのため、本書が刊行に至るまで多大なご協力をいただいた方々に対して御礼を述べたい。特に、本書の礎《いしずえ》を成す連載執筆中の長期にわたって筆者をサポートしてくださった山下真史氏にも感謝したい。彼のお人柄もそうだが、常に前向きな姿勢と有益な助言には何度も助けられた。彼は現在、京都大学の大学院に在籍しているが、神戸からいつでも容易に駆け付けられる距離に移られたことを大変うれしく思う。

末筆ながら、本書の校閲者、そして図表やイラストを作成してくださった方々にも御礼を申し上げたい。むろん、それでも時として紛《まぎ》れ込んでしまう誤記等は、すべて筆者の責任であることはいうまでもない。

＊　＊　＊

本書の問題関心は、大統領を通して見たアメリカの歴史、つまり過去の考察にあった。しかし、歴史学者としての筆者の基本スタンスは、過去を知ることを通じて現在を理解し、また将来の展望を少しでも見渡せるように、かすかであったとしても光を確実に当てるという知的作業にある。そのため、本書は歴代大統領を一人ずつひもといて解説しているが、当時の時代感を伝えようとした中でも、筆者が常に思いを馳せるのは、アメリカの将来についてである。ロシアによるウクライナ侵略、そして中国による地政学的挑戦など、国際政治が重大な転換点に差し掛かっていることはいうまでもない。こうした厳しい時代に平和を持続させるためにも、自由主義世界のリーダーとして世界に関心を持ち続ける健全なアメリカの存在は不可欠となる。アメリカが持ち前の復元力を発揮させて今世紀後半までパクスを維持できるか否かは、今後アメリカ人が誰を大統領に選択するかにかかっていよう。その意味で、アメリカの方向性を大きく決定づける大統領というポストはかつてなく重要であり、目を離すことはできない。

最後に、本書によってアメリカに対する意識ないし関心を少しでも持っていただけたなら、筆者にとって望外の喜びである。

簑原俊洋

二〇二三年睦月、郷里のカリフォルニア、アーバインにて

参考文献一覧

ベンジャミン・フランクリン『フランクリン自伝』（岩波書店、松本慎一／西川正身 訳、一九五七年）
エイブラハム・リンカーン『リンカーン演説集』（岩波書店、高木八尺／斎藤光 訳、一九五七年）
石崎昭彦『アメリカ金融資本の成立』（東京大学出版会、一九六二年）
本間長世『世界を動かす思想――アメリカ精神を探る』（講談社、一九六四年）
阿部斉『民主主義と公共の概念――アメリカ民主主義の史的展開』（勁草書房、一九六六年）
C・A・ビアード／斎藤真 訳著『アメリカ政党史』（東京大学出版会、一九六八年）
本間長世『リンカーン――アメリカ民主政治の神話』（中央公論社、一九六八年）
阿部斉『アメリカの民主政治』（東京大学出版会、一九七二年）
阿部斉『デモクラシーの論理』（中公新書、一九七三年）
B・ベイリン『アメリカ政治の起源』（東京大学出版会、田中和か子 訳、一九七五年）
大内力『現代アメリカ農業――1960年代の変貌』（東京大学出版会、一九七五年）
斎藤眞『アメリカ現代史（世界現代史32）』（山川出版社、一九七六年）
本間長世『理念の共和国――アメリカ思想の潮流』（中央公論社、一九七六年）
阿部斉『アメリカ大統領』（三省堂、一九七七年）
井出義光『南部　もう一つのアメリカ』（東京大学出版会、一九七八年）
細谷千博／斎藤真『ワシントン体制と日米関係』（東京大学出版会、一九七八年）

芦部信喜／奥平康弘／橋本公亘 編『アメリカ憲法の現代的展開〈1〉人権』（東京大学出版会、一九七八年）
下山瑛二／高柳信一／和田英夫 編『アメリカ憲法の現代的展開〈2〉統治構造』（東京大学出版会、一九七八年）
西川純子『アメリカ企業金融の研究――一九二〇年代を中心として』（東京大学出版会、一九八〇年）
斎藤眞『アメリカ史の文脈』（岩波書店、一九八一年）
阿部斉／有賀弘／本間長世ほか 編『アメリカ独立革命　伝統の形成』（東京大学出版会、一九八二年）
阿部斉／有賀弘／本間長世ほか 編『世紀転換期のアメリカ　伝統と革新』（東京大学出版会、一九八二年）
C・P・キンドルバーガー『大不況下の世界　１９２９-１９３９』（東京大学出版会、石崎昭彦／木村一朗 訳、一九八二年）
竹前栄治『戦後労働改革ＧＨＱ労働政策史』（東京大学出版会、一九八二年）
岩永健吉郎『西欧の政治社会　第２版』（東京大学出版会、一九八三年）
安保哲夫『戦間期アメリカの対外投資　金融・産業の国際化過程』（東京大学出版会、一九八四年）
矢沢修次郎『現代アメリカ社会学史研究』（東京大学出版会、一九八四年）
油井大三郎『戦後世界秩序の形成――アメリカ資本主義と東地中海地域１９４４-１９４７』（東京大学出版会、一九八五年）
本間長世『アメリカはどこへ行くのか――岐路に立つ超大国の苦悩』（ＰＨＰ研究所、一九八七年）
久保文明『ニューディールとアメリカ民主政――農業政策をめぐる政治過程』（東京大学出版会、一九八八年）
アレクシス・ド・トクヴィル『フランス二月革命の日々――トクヴィル回想録』（岩波書店、喜安朗 訳、

一九八八年）
飯沼健真『アメリカ合衆国大統領』（講談社、一九八八年）
林敏彦『大恐慌のアメリカ』（岩波書店、一九八八年）
油井大三郎『未完の占領改革　アメリカ知識人と捨てられた日本民主化構想』（東京大学出版会、一九八九年）
秋元英一『ニューディールとアメリカ資本主義　民衆運動史の観点から』（東京大学出版会、一九八九年）
辻清明『公務員制の研究』（東京大学出版会、一九九一年）
本間長世『アメリカ史像の探求』（東京大学出版会、一九九一年）
本間長世『移りゆくアメリカ――現代日米関係考』（筑摩書房、一九九一年）
本田創造『アメリカ黒人の歴史　新版』（岩波書店、一九九一年）
猿谷要『物語アメリカの歴史――超大国の行方』（中央公論新社、一九九一年）
西崎文子『アメリカ冷戦政策と国連――1945－1950』（東京大学出版会、一九九二年）
斎藤眞『アメリカ革命史研究　自由と統合』（東京大学出版会、一九九二年）
渋谷博史『レーガン財政の研究』（東京大学出版会、一九九二年）
五十嵐武士『政策革新の政治学　レーガン政権下のアメリカ政治』（東京大学出版会、一九九二年）
ロナルド・レーガン『わがアメリカンドリーム――レーガン回想録』（読売新聞、尾崎浩 訳、一九九三年）
岡田泰男『フロンティアと開拓者　アメリカ西漸運動の研究』（東京大学出版会、一九九四年）
日高千景『英国綿業衰退の構図』（東京大学出版会、一九九五年）
工藤章 編『20世紀資本主義（2）覇権の変容と福祉国家』（東京大学出版会、一九九五年）

斎藤眞『アメリカとは何か』(平凡社、一九九五年)
本間長世『思想としてのアメリカ――現代アメリカ社会・文化論』(中央公論社、一九九六年)
辻内鏡人『アメリカの奴隷制と自由主義』(東京大学出版会、一九九七年)
久保文明『現代アメリカ政治と公共利益　環境保護をめぐる政治過程』(東京大学出版会、一九九七年)
本間長世『アメリカ政治の潮流』(中央公論新社、一九九七年)
佐々木隆雄『アメリカの通商政策』(岩波書店、一九九七年)
油井大三郎/遠藤泰生 編『多文化主義のアメリカ　揺らぐナショナル・アイデンティティ』(東京大学出版会、一九九九年)
五十嵐武士 編『アメリカの多民族体制「民族」の創出』(東京大学出版会、二〇〇〇年)
細谷千博/斎藤真/今井清一 編『開戦に至る10年(1931-41年) 1政府首脳と外交機関』(東京大学出版会、二〇〇〇年)
細谷千博/斎藤真/今井清一 編『開戦に至る10年(1931-41年) 2陸海軍と経済官僚』(東京大学出版会、二〇〇〇年)
細谷千博/斎藤真/今井清一 編『開戦に至る10年(1931-41年) 3議会・政党と民間団体』(東京大学出版会、二〇〇〇年)
ジョージ・F・ケナン『アメリカ外交50年』(岩波書店、近藤晋一/有賀貞/飯田藤次 訳、二〇〇〇年)
宇佐美滋『アメリカ大統領を読む事典――世界最高権力者の素顔と野望』(講談社、二〇〇〇年)
五十嵐武士『覇権国アメリカの再編　冷戦後の変革と政治的伝統』(東京大学出版会、二〇〇一年)

ドワイト・アイゼンハワー『アイゼンハワー回顧録』(みすず書房、仲晃/渡辺靖/佐々木謙一 訳、二〇〇一年)
高崎通浩『歴代アメリカ大統領総覧』(中央公論新社、二〇〇二年)
有賀夏紀『アメリカの20世紀(上) 1890年~1945年』(中央公論新社、二〇〇二年)
有賀夏紀『アメリカの20世紀(下) 1945年~2000年』(中央公論新社、二〇〇二年)
阿川尚之『憲法で読むアメリカ史(上)(下)』(PHP研究所、二〇〇四年)
渋谷博史『20世紀アメリカ財政史1 パクス・アメリカーナと基軸国の税制』(東京大学出版会、二〇〇五年)
渋谷博史『20世紀アメリカ財政史2 「豊かな社会」とアメリカ型福祉国家』(東京大学出版会、二〇〇五年)
渋谷博史『20世紀アメリカ財政史3 レーガン財政からポスト冷戦へ』(東京大学出版会、二〇〇五年)
岡山裕『アメリカ二大政党制の確立 再建期における戦後体制の形成と共和党』(東京大学出版会、二〇〇五年)
荒このみ 編『史料で読むアメリカ文化史2 独立から南北戦争まで1770年代-1850年代』(東京大学出版会、亀井俊介/鈴木健次 監修、二〇〇五年)
遠藤泰生 編『史料で読むアメリカ文化史1 植民地時代 15世紀末-1770年代』(東京大学出版会、亀井俊介/鈴木健次 監修、二〇〇五年)
有賀夏紀/能登路雅子 編『史料で読むアメリカ文化史4 アメリカの世紀 1920年代-1950年代』(東京大学出版会、亀井俊介ほか監修、二〇〇五年)
アレクシ・ド・トクヴィル『アメリカのデモクラシー第1巻(上)(下)』(岩波書店、松本礼二訳、二〇〇五年)
チャールズ・ディケンズ『アメリカ紀行(上)(下)』(岩波書店、伊藤弘之/下笠徳次/隈元貞広 訳、二〇〇五年)
佐々木隆/大井浩二 編『史料で読むアメリカ文化史3 都市産業社会の到来1860年代-1910年代』

（東京大学出版会、亀井俊介ほか監修、二〇〇六年）
古矢旬 編／亀井俊介／鈴木健次 監修『史料で読むアメリカ文化史5　アメリカ的価値観の変容1960年代－20世紀末』（東京大学出版会、二〇〇六年）
明石和康『アメリカの宇宙戦略』（岩波書店、二〇〇六年）
R．ナッシュ／G．グレイヴズ『人物アメリカ史（上）（下）』（講談社、足立康 訳、二〇〇七年）
土田宏『ケネディ――「神話」と実像』（中央公論新社、二〇〇七年）
斎藤眞／久保文明 編『アメリカ政治外交史教材――英文資料選』（東京大学出版会、二〇〇八年）
アレクシ・ド・トクヴィル『アメリカのデモクラシー第2巻（上）（下）』（岩波書店、松本礼二 訳、二〇〇八年）
秋元英一『世界大恐慌　1929年に何がおこったか』（講談社、二〇〇九年）
仲晃『アメリカ大統領が死んだ日　一九四五年春、ローズベルト』（岩波書店、二〇一〇年）
松下満雄／渡邉泰秀 編『アメリカ独占禁止法』（東京大学出版会、二〇一二年）
明石和康『大統領でたどるアメリカの歴史』（岩波書店、二〇一二年）
大嶽秀夫『ニクソンとキッシンジャー――現実主義外交とは何か』（中央公論新社、二〇一三年）
石崎昭彦『アメリカ新金融資本主義の成立と危機』（岩波書店、二〇一四年）
川崎修『ハンナ・アレント』（講談社、二〇一四年）
アレクシ・ド・トクヴィル『アメリカにおけるデモクラシーについて』（中央公論新社、岩永健吉郎 訳、二〇一五年）

待鳥聡史『アメリカ大統領制の現在　権限の弱さをどう乗り越えるか』（NHK出版、二〇一六年）
西川賢『ビル・クリントン――停滞するアメリカをいかに建て直したか』（中央公論新社、二〇一六年）
ハーバート・フーバー『裏切られた自由（上）（下）フーバー大統領が語る第二次世界大戦の隠された歴史とその後遺症』（草思社、ジョージ・H・ナッシュ編、渡辺惣樹 訳、二〇一七年）
久保文明／阿川尚之／梅川健 編『アメリカ大統領の権限とその限界』（日本評論社、東京財団政策研究所 監修、二〇一八年）
久保文明『アメリカ政治史』（有斐閣、二〇一八年）
生井英考『興亡の世界史　空の帝国　アメリカの20世紀』（講談社、二〇一八年）
貴堂嘉之『移民国家アメリカの歴史』（岩波書店、二〇一八年）
宇野重規『トクヴィル　平等と不平等の理論家』（講談社、二〇一九年）
和田光弘『植民地から建国へ　19世紀初頭まで　シリーズアメリカ合衆国史①』（岩波書店、二〇一九年）
貴堂嘉之『南北戦争の時代　19世紀　シリーズアメリカ合衆国史②』（岩波書店、二〇一九年）
中野耕太郎『20世紀アメリカの夢　世紀転換期から1970年代　シリーズアメリカ合衆国史③』（岩波書店、二〇一九年）
森本あんり『キリスト教でたどるアメリカ史』（角川ソフィア文庫、二〇一九年）
紀平英作 編『アメリカ史（上）（下）』（山川出版社、二〇一九年）
ロン・チャーナウ『ハミルトン――アメリカ資本主義を創った男（上）（下）』（日経BP、井上廣美 訳、二〇一九年）

久保文明／金成隆一『アメリカ大統領選』（岩波書店、二〇二〇年）
古矢旬『グローバル時代のアメリカ　冷戦時代から21世紀　シリーズ　アメリカ合衆国史④』（岩波書店、二〇二〇年）
川北稔 編『イギリス史（上）（下）』（山川出版社、二〇二〇年）
阿川尚之『どのアメリカ？―矛盾と均衡の大国―（セミナー・知を究める4）』（ミネルヴァ書房、二〇二一年）
佐藤千登勢『フランクリン・ローズヴェルト――大恐慌と大戦に挑んだ指導者』（中央公論新社、二〇二一年）
バラク・オバマ『約束の地　大統領回顧録Ⅰ（上）（下）』（集英社、山田文／三宅康雄／長尾莉紗／高取芳彦／藤田美菜子 訳、二〇二一年）

アメリカの歴史 年表

一四九八年	イギリスのジョン・カボットが北米大陸の東海岸を探検。ニューイングランド植民地とする（のちの十三植民地）
一五一九年〜一八二一年	スペインが南西部、フロリダにニュースペイン植民地を形成
一五三四年〜一八〇三年	フランスのジャック・カルティエがセントローレンス川をさかのぼり、カナダ植民地とする（のちのフランス領ルイジアナ）
十七世紀〜十八世紀	北米植民地戦争（ヨーロッパ諸国による覇権争い）
一七七五年〜一七八三年	アメリカ独立戦争
一七七六年七月四日	アメリカ独立宣言
一七八三年	パリ条約締結。イギリスがアメリカの独立を認める
一七八七年	アメリカ合衆国憲法制定
一七八九年	ジョージ・ワシントンが初代大統領に就任
一八〇三年	フランスからフランス領ルイジアナを購入
一八一二年〜一八一五年	米英戦争（アメリカの勝利）
一八一九年	スペインからフロリダ半島を購入
一八二〇年	ミズーリ協定の制定。北緯三六度三〇分以北の新州は奴隷制を認めないこととなる
一八四六年〜一八四八年	アメリカ・メキシコ戦争。アメリカが勝利し、アメリカ西部をメキシコから割譲
一八五三年	メキシコからアメリカ西南部を購入
一八五四年	カンザス・ネブラスカ法の制定。二つの州の奴隷制を住民投票で決定することとなる
一八五七年	一八五七年恐慌

一八六〇年	奴隷制に反対するエイブラハム・リンカーンが第十六代大統領選で勝利
一八六一年	アメリカ南部十一州が独立してアメリカ連合国となる
一八六一年〜一八六五年	南北戦争。北部の勝利に終わる
一八六三年	奴隷解放宣言
一八六三年十一月十九日	ゲティスバーグ演説。リンカーンの「人民の、人民による、人民のための政治」の演説
一八六七年	アラスカをロシアから購入
一八六九年	アメリカ大陸横断鉄道が完成
一八七〇年	ガソリン自動車が発明される
一八八六年	自由の女神像が完成
一八九八年	ハワイを併合
一八九八年	米西戦争。アメリカによるスペイン植民地の争奪戦争。アメリカが勝利し、スペインはキューバの独立を承認。さらにフィリピン、プエルトリコ、グアムをアメリカに割譲する
一九〇三年	アメリカがコロンビアからパナマを独立させる。パナマ運河を建設
一九〇四年三月八日	ニューヨークで婦人参政権を求めるデモが発生。国際女性デーとなる
一九一四年〜一九一八年	第一次世界大戦
一九一八年〜一九二二年	シベリア出兵
一九一九年六月	ヴェルサイユ条約の締結
一九二〇年	国際連盟が発足
一九二九年	世界恐慌
一九三九年〜一九四五年	第二次世界大戦
一九四一年十二月八日	真珠湾攻撃。日本がアメリカを攻撃した

一九四一年十二月	アメリカが連合国側に参戦する
一九四四年	ブレトン・ウッズ協定。アメリカのドルが国際通貨となる
一九四五年二月	ヤルタ会談（イギリス・ソ連・アメリカによる連合国首脳会談）。戦後の国際体制や国際連合の設立などが協議された
一九四五年七月	ポツダム宣言。アメリカ、イギリス、中華民国による日本に対しての宣言
一九四五年八月	日本がポツダム宣言を受諾する旨を伝える
一九四五年十月	国際連合が発足
一九四五年〜一九五二年	GHQ（連合国最高司令官総司令部）が日本を占領する
一九四五年〜一九八九年	冷戦
一九四六年	フィリピンがアメリカから独立

一九四八年	国連の決議を受け、イスラエル建国
一九四八年	中東戦争（イスラエルと周辺国の戦争）
一九五三年〜一九五九年	キューバ革命。キューバがアメリカ寄りから社会主義国家となる
一九六一年〜一九七三年	ベトナム戦争への軍事介入
一九六二年	キューバ危機。アメリカとソビエト連邦による核戦争危機
一九六三年	部分的核実験禁止条約発効
一九六三年	ワシントン大行進。キング牧師らによる人種差別撤廃デモ
一九六五年	北爆（ベトナム北部への爆撃）の開始
一九六八年	北爆の部分的中止
一九六九年	アメリカのアポロ11号が月面着陸

一九七〇年	核拡散防止条約発効
一九七一年	ニクソン・ショック
一九七三年三月	南ベトナムから米軍が撤退
一九七三年	ロー対ウェイド判決。女性の人工妊娠中絶権を認めた最高裁判決
一九八〇年〜一九八八年	イラン・イラク戦争。アメリカはイラクを軍事援助
一九八一年	女子差別撤廃条約の発効。女子差別の撤廃を定めた国際条約
一九八五年	プラザ合意。アメリカ経済のために円高ドル安を誘導する
一九八九年十一月	ドイツのベルリンの壁が崩壊
一九八九年十二月	マルタ会談。アメリカとソ連による首脳会談（東西冷戦の終結）
一九九一年	湾岸戦争（国際連合とイラクの戦争）。国際連合が勝利
一九九一年十二月	ロシア連邦が成立
一九九二年	北米自由貿易協定（ＮＡＦＴＡ）署名
二〇〇一年九月十一日	アメリカ同時多発テロ事件発生
二〇〇三年	イラク戦争。アメリカ、イギリス連合軍とイラクの戦争（連合軍の勝利）
二〇〇八年	リーマン・ショック。アメリカのリーマン・ブラザーズ・ホールディングスが経営破綻し、世界金融危機となる
二〇一一年七月	国際宇宙ステーションが完成
二〇一五年六月	オーバーグフェル対ホッジス裁判の判決により、アメリカの全州で同性婚が合法化
二〇二〇年〜	新型コロナウイルス感染症のパンデミック（世界的大流行）発生
二〇二二年六月二十四日	アメリカ最高裁判所が、人工妊娠中絶権を認めた「ロー対ウェイド判決」を破棄

24	スティーブン・グロバー・クリーブランド	1893～1897	民主党
25	ウィリアム・マッキンリー	1897～1901	共和党
26	セオドア・ルーズベルト	1901～1909	共和党
27	ウィリアム・ハワード・タフト	1909～1913	共和党
28	トマス・ウッドロウ・ウィルソン	1913～1921	民主党
29	ウォレン・ガメイリアル・ハーディング	1921～1923	共和党
30	ジョン・カルビン・クーリッジ	1923～1929	共和党
31	ハーバート・クラーク・フーバー	1929～1933	共和党
32	フランクリン・デラノ・ルーズベルト	1933～1945	民主党
33	ハリー・S・トルーマン	1945～1953	共和党
34	ドワイト・デイビッド・アイゼンハワー	1953～1961	共和党
35	ジョン・フィッツジェラルド・ケネディ	1961～1963	民主党
36	リンドン・ベインズ・ジョンソン	1963～1969	民主党
37	リチャード・ミルハウス・ニクソン	1969～1974	共和党
38	ジェラルド・ルドルフ・フォード・ジュニア	1974～1977	共和党
39	ジェームズ・アール・カーター	1977～1981	民主党
40	ロナルド・ウィルソン・レーガン	1981～1989	共和党
41	ジョージ・ハーバート・ウォーカー・ブッシュ	1989～1993	共和党
42	ウィリアム・ジェファーソン・クリントン	1993～2001	民主党
43	ジョージ・ウォーカー・ブッシュ	2001～2009	共和党
44	バラク・フセイン・オバマ2世	2009～2017	民主党
45	ドナルド・ジョン・トランプ	2017～2021	共和党
46	ジョセフ・ロビネット・バイデン・ジュニア	2021～	民主党

歴代大統領一覧

代	氏名	在任期間	所属政党
1	ジョージ・ワシントン	1789 ~ 1797	無所属
2	ジョン・アダムズ	1797 ~ 1801	連邦党
3	トーマス・ジェファソン	1801 ~ 1809	民主共和党
4	ジェームズ・マディソン	1809 ~ 1817	民主共和党
5	ジェームズ・モンロー	1817 ~ 1825	民主共和党
6	ジョン・クインジー・アダムズ	1825 ~ 1829	民主共和党
7	アンドリュー・ジャクソン	1829 ~ 1837	民主党
8	マーティン・ヴァン・ビューレン	1837 ~ 1841	民主党
9	ウィリアム・ヘンリー・ハリソン	1841	ホイッグ党
10	ジョン・タイラー	1841 ~ 1845	ホイッグ党
11	ジェームズ・ノックス・ポーク	1845 ~ 1849	民主党
12	ザカリー・テイラー	1849 ~ 1850	ホイッグ党
13	ミラード・フィルモア	1850 ~ 1853	ホイッグ党
14	フランクリン・ピアース	1853 ~ 1857	民主党
15	ジェームズ・ブキャナン	1857 ~ 1861	民主党
16	エイブラハム・リンカーン	1861 ~ 1865	共和党
17	アンドリュー・ジョンソン	1865 ~ 1869	民主党
18	ユリシーズ・シンプソン・グラント	1869 ~ 1877	共和党
19	ラザフォード・バーチャード・ヘイズ	1877 ~ 1881	共和党
20	ジェームズ・エイブラム・ガーフィールド	1881	共和党
21	チェスター・アラン・アーサー	1881 ~ 1885	共和党
22	スティーブン・グロバー・クリーブランド	1885 ~ 1889	民主党
23	ベンジャミン・ハリソン	1889 ~ 1893	共和党

簑原俊洋　みのはら・としひろ

1971年、カリフォルニア州出身。カリフォルニア大学デイヴィス校卒。神戸大学大学院教授およびインド太平洋問題研究所理事長。日系アメリカ人で、大学卒業後は大手金融機関に勤務。のちに神戸大学へ留学し、同大学大学院法学研究科博士後期課程修了。博士（政治学）。専門は日米関係、国際政治、安全保障、アメリカ外交。99年に神戸大学助教授、2007年から同大大学院教授。02年に『排日移民法と日米関係』（岩波書店）でアメリカ学会より「清水博賞」を受賞。著書に『アメリカの排日運動と日米関係』、編著書に『「戦争」で読む日米関係100年　日露戦争から対テロ戦争まで』（ともに朝日新聞出版）など多数。

大統領《だいとうりょう》から読《よ》むアメリカ史《し》

2023年4月14日　初版第1刷発行

著　者　簑原俊洋《みのはらとしひろ》
発行者　大島光明
発行所　株式会社　第三文明社
郵便番号 160-0022
電話番号 03（5269）7144（営業代表）
03（5269）7145（注文専用）
03（5269）7154（編集代表）
URL　https://www.daisanbunmei.co.jp
振替口座 00150-3-117823
印刷・製本　精文堂印刷株式会社

ISBN 978-4-476-03408-0